立信会计实验系列教材

会计学原理实训

孙一玲　李　煦　王　婧／主　编
刘　煦　付秀娜　王鸿雁／副主编
田春满　于冬梅　孟会朋／参　编

U0780755

立信会计出版社
LIXIN ACCOUNTING PUBLISHING HOUSE

图书在版编目(CIP)数据

会计学原理实训 / 孙一玲主编. —上海：立信会计出版社，2021.6

立信会计实验系列教材

ISBN 978-7-5429-6876-0

Ⅰ. ①会… Ⅱ. ①孙… Ⅲ. ①会计学—中等专业学校—教材 Ⅳ. ①F230

中国版本图书馆 CIP 数据核字(2021)第 124394 号

策划编辑　　陈　旻

责任编辑　　陈　旻

会计学原理实训

KUAIJIXUE YUANLI SHIXUN

出版发行	立信会计出版社		
地　　址	上海市中山西路 2230 号	邮政编码	200235
电　　话	(021)64411389	传　　真	(021)64411325
网　　址	www.lixinaph.com	电子邮箱	lixinaph2019@126.com
网上书店	http://lixin.jd.com	http://lxkjcbs.tmall.com	
经　　销	各地新华书店		
印　　刷	常熟市华顺印刷有限公司		
开　　本	787 毫米×1092 毫米	1/16	
印　　张	11.75		
字　　数	216 千字		
版　　次	2021 年 6 月第 1 版		
印　　次	2021 年 6 月第 1 次		
印　　数	1—2 100		
书　　号	ISBN 978-7-5429-6876-0/F		
定　　价	38.00 元		

前　言

本书以一个模拟企业的特定会计期间为范畴，根据新修订的《企业会计准则》编写而成。本书内容全面覆盖“会计学原理”教程要求掌握的重点经济业务、考点，同时结合企业实际经济业务，提取经典案例，搜集截至 2021 年 5 月的财政、税务、银行和企业的最新相关票据。读者通过对企业会计模拟实训的操作，系统地掌握从建账、填制和审核原始凭证、记账凭证到登记账簿，从日常会计核算、成本计算到编制会计报告、年终结账等企业会计核算的全过程。这是对会计专业理论知识的一次巩固。

本书共分五部分：第一部分是企业基本资料，具体包括企业会计核算的相关证照和票据样本(2021 年新版)；第二部分是实训任务与准备，包括实训的基本任务和实训需要准备的会计用品；第三部分是企业经济业务资料，包括企业主营产品、机构设置及相关人员介绍，模拟企业内部核算制度，模拟企业期初资料，模拟企业经济业务及会计资料；第四部分是会计实训知识宝典，包括常用票据的样式和填写方法，常用结算方式的使用，原始凭证填制和审核方法的样例解析，记账凭证编制方法的样例解析，账簿登记方法的样例解析，报表编制的样例解析，会计档案的装订与保管；第五部分是会计资料样本，包括总账、现金日记账、银行存款日记账、明细账和账簿使用页数参考。

本书内容具有综合性、完整性、超前性和系统性的特点。其具体特色主要体现在以下几个方面：

第一，会计实务结合了最新(截至 2021 年 5 月)发布的相关税法内容。

第二，模拟的经济业务涵盖了企业典型的、常用的经济类型。

第三，以模拟仿真的 2021 年新版原始凭证再现实际经济业务，力求拉近会计实训与会计实际工作的距离。

第四，能帮助读者加深对理论的掌握和记忆，提高实战能力。

本书由孙一玲、李煦和王婧担任主编。参加编写的人员有孙一玲、李煦、王婧、刘煦、付秀娜、王鸿雁、田春满、于冬梅和孟会朋。全书由孙一玲、李煦和王婧总纂。在编写过程中，我们得到有关企业资深财务人士、会计师事务所注册会计师和会计培训一线教师的大力支持，在此表示感谢。

本书适用于普通高等院校(应用型本科及高职高专)、成人高校及二级职业技术学院会计专业等经管类专业以及其他专业会计学课程的教学，也可作为社会从业人士的参考用书，还可作为企业会计实务的培训教材。

若需配套教案，请与立信会计出版社联系。

编　者

2021 年 5 月

目　录

第一部分　企业基本资料

企业基本资料,如图 1.1～图 1.8 所示。

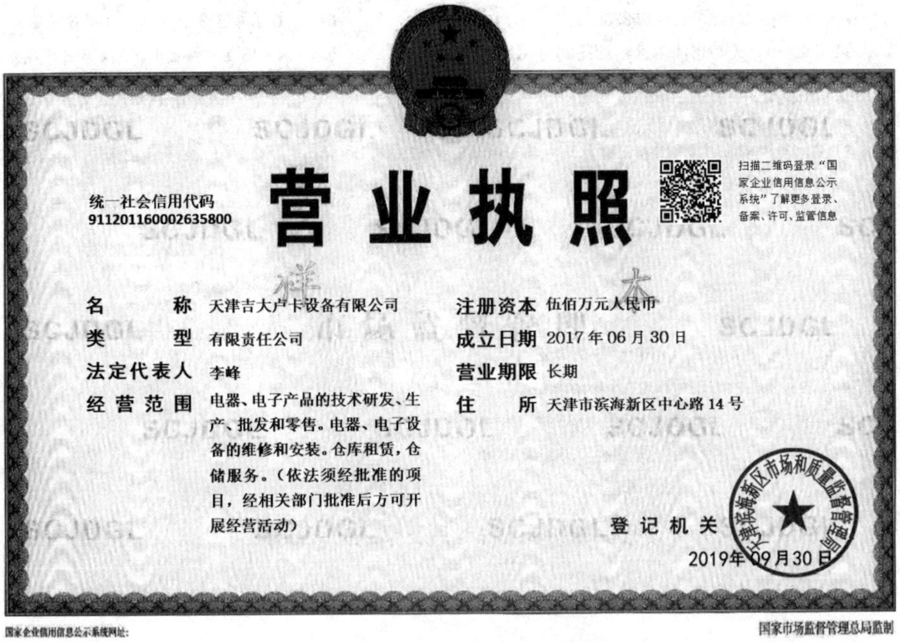

统一社会信用代码
911201160002635800

营业执照

扫描二维码登录“国家企业信用信息公示系统”了解更多登录、备案、许可、监管信息

名　　称　天津吉大卢卡设备有限公司
类　　型　有限责任公司
法定代表人　李峰
经营范围　电器、电子产品的技术研发、生产、批发和零售。电器、电子设备的维修和安装。仓库租赁，仓储服务。（依法须经批准的项目，经相关部门批准后方可开展经营活动）

注册资本　伍佰万元人民币
成立日期　2017 年 06 月 30 日
营业期限　长期
住　　所　天津市滨海新区中心路 14 号

登记机关
天津滨海新区市场和质量监督管理局
2019 年 09 月 30 日

国家企业信用信息公示系统网址：
国家市场监督管理总局监制

图 1.1　营业执照正本

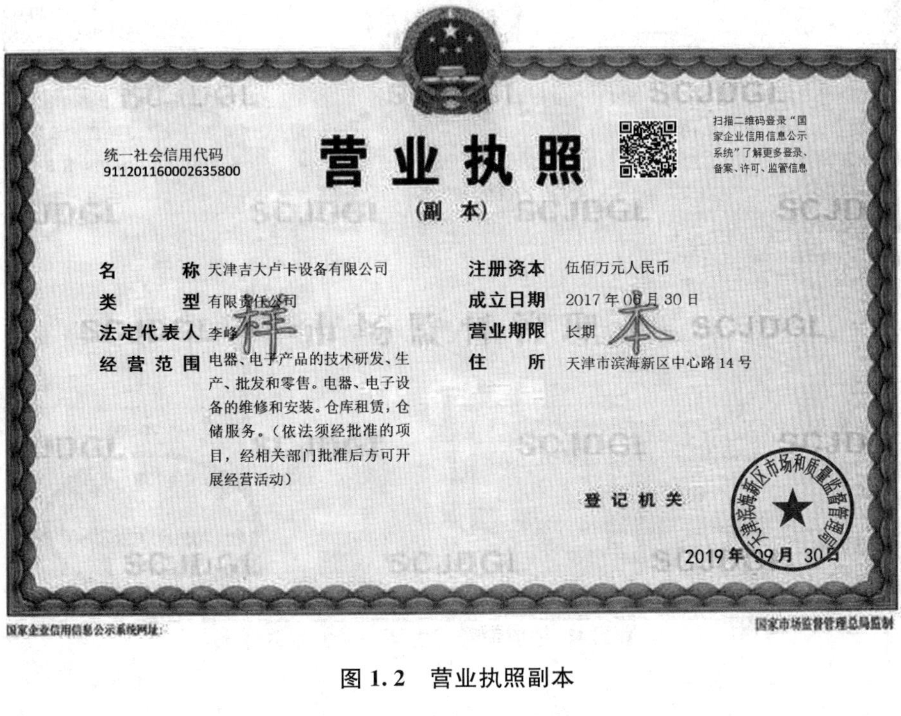

统一社会信用代码
911201160002635800

营业执照
（副　本）

扫描二维码登录“国家企业信用信息公示系统”了解更多登录、备案、许可、监管信息

名　　称　天津吉大卢卡设备有限公司
类　　型　有限责任公司
法定代表人　李峰
经营范围　电器、电子产品的技术研发、生产、批发和零售。电器、电子设备的维修和安装。仓库租赁，仓储服务。（依法须经批准的项目，经相关部门批准后方可开展经营活动）

注册资本　伍佰万元人民币
成立日期　2017 年 06 月 30 日
营业期限　长期
住　　所　天津市滨海新区中心路 14 号

登记机关
天津滨海新区市场和质量监督管理局
2019 年 09 月 30 日

国家企业信用信息公示系统网址：
国家市场监督管理总局监制

图 1.2　营业执照副本

1200174130　　**天津增值税专用发票**　　№ 00203546

机器编号：　　此联不作报销、扣税凭证使用　　1200174130

499908749665　　00203546

开票日期：2021年08月05日

购买方	名　　称：天津市滨海电器商贸有限公司 纳税人识别号：91120119546537567T 地 址、电 话：天津市津南区沿河路86号 022-84721265 开户行及账号：工商银行天津市黄海支行030200025656				密码区	66/-3947/->59*<818<33 6>/0/4332*3-0+672<7* 5+-<<51+41+>*>58*8460 128990<42+*31/58>>33		
货物或应税劳务、服务名称	规格型号	单 位	数 量	单 价	金 额	税 率	税 额	
*家用电热烘烤家具*GH8000多功能烤箱		台	10	4 000.00	40 000.00	13%	5 200.00	
合　　计					¥40 000.00		¥5 200.00	
价税合计（大写）	⊗肆万伍仟贰佰圆整				（小写）¥45 200.00			
销售方	名　　称：天津吉大卢卡设备有限公司 纳税人识别号：911201160002635800 地 址、电 话：天津市滨海新区中心路14号 02288786688 开户行及账号：工商银行滨海支行 0300200888898				备注			

收款人：　　复核：　　开票人：赵强　　销售方：（章）

税总函（2020）113号北京印钞有限公司

第一联：记账联　销售方记账凭证

图 1.3　增值税专用发票——记账联

1200174130　　**天津增值税专用发票**　　№ 00203546

机器编号：　　发票联　　1200174130

499908749665　　00203546

开票日期：2021年08月05日

购买方	名　　称：天津市滨海电器商贸有限公司 纳税人识别号：91120119546537567T 地 址、电 话：天津市津南区沿河路86号 022-84721265 开户行及账号：工商银行天津市黄海支行030200025656				密码区	66/-3947/->59*<818<33 6>/0/4332*3-0+672<7* 5+-<<51+41+>*>58*8460 128990<42+*31/58>>33		
货物或应税劳务、服务名称	规格型号	单 位	数 量	单 价	金 额	税 率	税 额	
*家用电热烘烤家具*GH8000多功能烤箱		台	10	4 000.00	40 000.00	13%	5 200.00	
合　　计					¥40 000.00		¥5 200.00	
价税合计（大写）	⊗肆万伍仟贰佰圆整				（小写）¥45 200.00			
销售方	名　　称：天津吉大卢卡设备有限公司 纳税人识别号：911201160002635800 地 址、电 话：天津市滨海新区中心路14号 02288786688 开户行及账号：工商银行滨海支行 0300200888898				备注	天津吉大卢卡设备有限公司 911201160002635800 发票专用章		

收款人：　　复核：　　开票人：赵强　　销售方：（章）

税总函（2020）113号北京印钞有限公司

第三联：发票联　购买方记账凭证

图 1.4　增值税专用发票——发票联

1200174130　　天津增值税专用发票　　№ 00203546

抵扣联

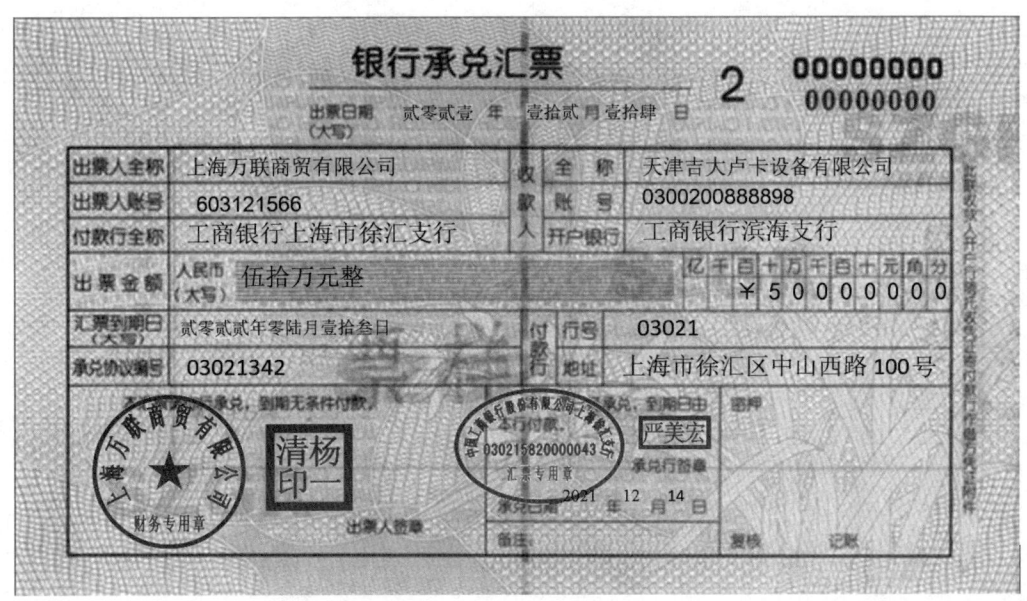

1200174130
00203546

机器编号：
499908749665

开票日期：2021 年 08 月 05 日

税总函（2020）113 号北京印钞有限公司

购买方	名　　称：天津市滨海电器商贸有限公司 纳税人识别号：91120119546537567T 地 址、电 话：天津市津南区沿河路86号 022-84721265 开户行及账号：工商银行天津市黄海支行030200025656	密码区：66/-3947/->59*<818<33 6>/0/4332*3-0+672<7* 5+-<<51+41+>*>58*8460 128990<42+*31/58>>33

货物或应税劳务、服务名称	规格型号	单位	数量	单价	金额	税率	税额
*家用电热烘烤家具*GH8000多功能烤箱		台	10	4 000.00	40 000.00	13%	5 200.00
合　　计					¥40 000.00		¥5 200.00
价税合计（大写）	⊗肆万伍仟贰佰圆整				（小写）¥45 200.00		

销售方	名　　称：天津吉大卢卡设备有限公司 纳税人识别号：911201160002635800 地 址、电 话：天津市滨海新区中心路 14 号 02288786688 开户行及账号：工商银行滨海支行 0300200888898	备注

天津吉大卢卡设备有限公司 911201160002635800 发票专用章

收款人：　　复核：　　开票人：赵强　　销售方：（章）

第二联：抵扣联　购买方扣税凭证

图 1.5　增值税专用发票——抵扣联

银行承兑汇票　　2　　00000000 00000000

出票日期（大写）　贰零贰壹 年 壹拾贰 月 壹拾肆 日

出票人全称	上海万联商贸有限公司	收款人	全　称	天津吉大卢卡设备有限公司
出票人账号	603121566		账　号	0300200888898
付款行全称	工商银行上海市徐汇支行		开户银行	工商银行滨海支行
出票金额	人民币（大写）伍拾万元整		亿千百十万千百十元角分	¥ 5 0 0 0 0 0 0 0
汇票到期日（大写）	贰零贰贰年零陆月壹拾叁日	付款行	行号	03021
承兑协议编号	03021342		地址	上海市徐汇区中山西路 100 号

本汇票请你行承兑，到期无条件付款。　上海万联商贸有限公司 财务专用章　清杨印一　出票人签章

本汇票已经承兑，到期日由本行付款。　中国工商银行股份有限公司上海徐汇支行 030215820000043 汇票专用章　严美宏　承兑行签章　承兑日期 2021 年 12 月 14 日

密押　　备注：　　复核　　记账

此联收款人开户行随托收凭证寄付款行作借方凭证附件

图 1.6　银行承兑汇票

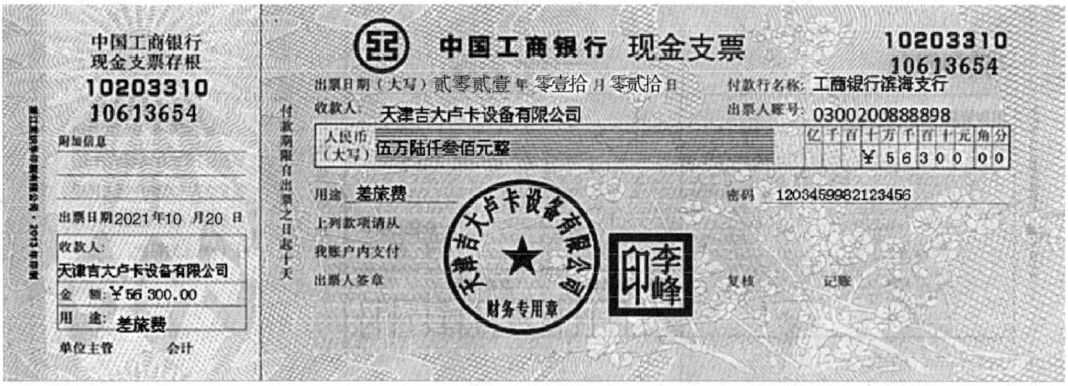

中国工商银行
现金支票存根
10203310
10613654
附加信息
出票日期2021年10月20日
收款人：天津吉大卢卡设备有限公司
金额：¥56 300.00
用途：差旅费
单位主管　会计

中国工商银行 现金支票　10203310 10613654
出票日期（大写）贰零贰壹年零壹拾月零贰拾日　付款行名称：工商银行滨海支行
收款人：天津吉大卢卡设备有限公司　出票人账号：0300200888898
人民币（大写）伍万陆仟叁佰元整　¥56300000
付款期限自出票之日起十天
用途 差旅费　密码 1203459982123456
上列款项请从
我账户内支付
出票人签章　复核　记账
天津吉大卢卡设备有限公司 财务专用章　李峰印

附加信息：
天津吉大卢卡设备有限公司 财务专用章　李峰印
收款人签章
2021 年 10 月 20 日
身份证名称：　发证机关：
号码
贴粘单处
根据《中华人民共和国票据法》等法律法规的规定，签发空头支票由中国人民银行处以票面金额5%但不低于1 000元的罚款。

图 1.7　现金支票

天津增值税电子专用发票

发票代码：110020200113
发票号码：2022012211
开票日期：2022年01月31日
校验码：11339 66147 88090 17560

机器编号：000049001

购买方	名称：天津吉大卢卡设备有限公司 纳税人识别号：911201160002635800 地址、电话：天津市滨海新区中心路14号 022-88786688 开户行及账号：工商银行滨海支行0300200888898				密码区	53212172312-4-275>1+46*54*1346 2rrt145<181321-5-8182*59*09618 47868<4<3*2702-9>9*+153-/01234 1283*08/4-/*152-3*0/9/<<-*25351	
项目名称	规格型号	单位	数量	单价	金额	税率	税额
*供电*电费		度	20 000	0.500 00	10 000.00	13%	1 300.00
合　计					¥10 000.00		¥1 300.00
价税合计（大写）	⊗壹万壹仟叁佰圆整				（小写）¥11 300.00		
销售方	名称：国网天津市电力公司 纳税人识别号：911100008013656325 地址、电话：天津市南开区解放北路41号 010-63121340 开户行及账号：中国工商银行南开支行0200048619200006116				备注	天津市滨海新区中心路14号	

收款人：孙会芝　复核：刘张会　开票人：赵小玲

图 1.8　增值税电子专用发票

第二部分　实训任务与准备

一、实训的基本任务

(1) 会计用品的准备。

(2) 了解实训企业基本情况与实训基本任务。

(3) 分析企业经济业务。

(4) 根据期初资料建立总账和各种明细账。

开设总账一本。根据企业各账户余额和本月份编制的科目汇总表,记入期初余额和本期发生额,月末办理结账手续。

开设现金日记账和银行存款日记账各一本。根据企业月初的各账户余额和本月份编制的记账凭证,记入期初余额和本期发生额,月末办理结账手续。

开设三栏式明细账。根据企业月初的各三栏式账户余额和本月份编制的记账凭证,记入期初余额和本期发生额,月末办理结账手续。

开设数量金额式明细账。根据企业月初的各数量金额式账户余额和本月份编制的记账凭证,记入期初余额和本期发生额,月末办理结账手续。

开设多栏式明细账。根据企业月初的各多栏式账户余额和本月份编制的记账凭证,记入期初余额和本期发生额,月末办理结账手续。

开设固定资产专用账页。根据企业月初的固定资产期初资料,记入期初原始资料和本期发生额,不必办理结账手续,并延至下年使用。

开设应交增值税专用账页,记入本期发生额,月末办理结账手续。

(5) 编制原始凭证、记账凭证和科目汇总表。

根据当月发生的经济业务的要求,编制有关原始凭证,根据原始凭证编制记账凭证,根据记账凭证按旬或半月编制科目汇总表。

(6) 登记总账和各种明细账。

根据记账凭证和原始凭证及原始凭证汇总表编制明细账。根据科目汇总表编制总账。

(7) 对账和结账。

年终总账、日记账和各明细账进行对账。根据会计规范的要求进行年终结账并装订会计凭证。

(8) 编制会计报表。

根据总账和各明细账编制会计报表。会计报表包括资产负债表、利润表和现金流量表。

(9) 对实训结果进行总结分析。

二、实训需要准备的会计用品

(一) 会计凭证

(1) 收款凭证 10 张,付款凭证 30 张,转账凭证 30 张(含备用),或记账凭证 70 张。

(2) 科目汇总表 4 张。

(二) 会计账簿

(1) 总账账簿 1 本。

(2) 现金日记账和银行存款日记账各 1 本。

(3) 三栏式账页 80 页(40 张),数量金额式账页 16 页(8 张),生产成本专用账页 4 页(2 张),多栏式明细分类账页 20 页(10 张),固定资产专用账页 12 页(6 张),增值税专用账页 4 页(2 张),各种账页再备用 2～6 页。

(三) 会计报表

资产负债表、利润表各 2 张。

(四) 其他

(1) 会计凭证封面 2 张(含备用)。

(2) 回形针 1 盒。

(3) 铁夹子 1 个。

第三部分　企业经济业务资料

一、企业主营产品、机构设置及相关人员介绍

(一) 企业主营产品

本企业主营 GH8000 多功能烤箱和 WH01 集成烤箱，如图 3.1 所示，简化的成本构成包括不锈钢板、玻璃板、配件、辅助材料和包装箱。

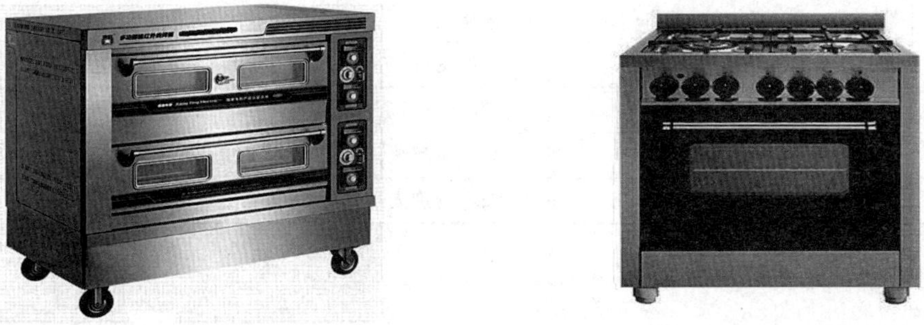

GH8000多功能烤箱　　WH01集成烤箱

图 3.1　企业主营产品

(二) 企业机构

本企业设立综合管理部、财务部、采购部、生产部和销售部五个部门，厂址平面图，如图 3.2 所示。

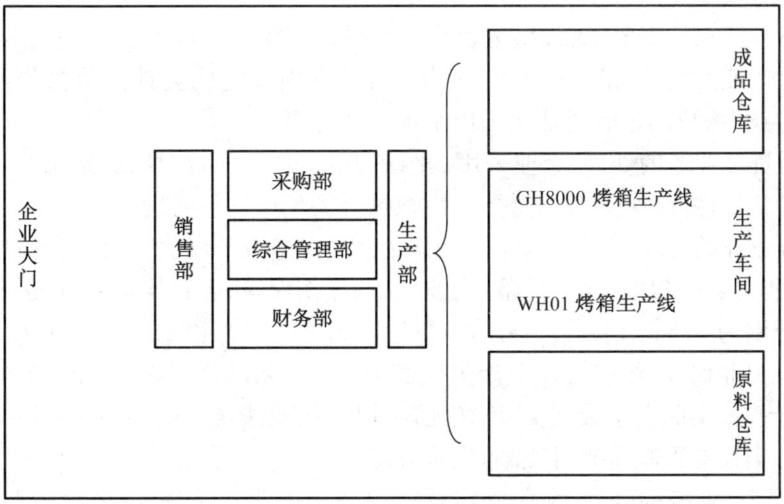

图 3.2　厂址平面图

(三) 岗位人员

本企业岗位人员,如表 3.1 所示。

表 3.1　　岗位职员表

序号	人员	部　门	岗 位 分 工
1	李峰	综合管理部	法人代表兼总经理,负责审批公司各种重大事项
2	杨贵	综合管理部	协助总经理管理公司人事、行政事务
3	王明	财务部	部门经理,审核经济业务的合理合法性、复核资金收支事项
4	赵强	财务部	会计,负责会计核算
5	李雪	财务部	出纳,负责库存现金和银行存款的收支
6	林卿	销售部	部门经理,负责销售业务审核和本部门收支审核
7	谢玄	销售部	销售人员,业务接洽
8	郭丽华	销售部	销售文员,负责销售统计、合同文本制作
9	罗芳	采购部	部门经理,负责采购业务审核和本部门收支审核
10	王颖	采购部	采购人员,业务接洽
11	李群	采购部	采购文员,负责采购入库跟踪业务、合同文本制作
12	张亮	生产部	部门经理,负责组织生产和本部门收支审核
13	马方	生产部	生产车间统计人员,产品质量验收
14	江季	生产部	仓库管理人员,负责出入库统计

注:其他生产人员资料略。

二、模拟企业内部核算制度

天津吉大卢卡设备有限公司实行公司一级核算,采用科目汇总表核算形式,每半月汇总登记总账一次。核算方法采用企业会计准则。记账方法采用借贷记账法。记账凭证采用收付转或通用记账凭证形式。

(1) 科目设置和核算要求:代垫运费在“应收账款”账户中核算。

(2) 会计凭证的处理:录入或生成“记账凭证”均由指定的会计人员操作,含有“库存现金”和“银行存款”账户的记账凭证均须出纳签字或盖章。

(3) 货币资金业务的处理:企业采用的结算方式包括现金结算、支票结算、银行汇票、商业汇票和电汇等。收、付款业务由财务部门根据有关凭证进行处理。

(4) 薪酬业务的处理:五险一金按“五险一金计提基数”计提,工会经费按应付工资总额计提,公司承担的养老保险、医疗保险、失业保险、工伤保险、生育保险、住房公积金和工会经费计提比例分别为 16%, 10%, 0.5%, 0.5%, 0.2%, 12%和 2%;职工个人承担的养老保险、医疗保险、失业保险、住房公积金计提比例分别为 8%, 2%, 0.5%和 12%;职工福利费和职工教育经费按实际发生数列支,不按比例计提,按税法规定的不高于 14%和 8%的可抵扣所得税。各类社会保险金当月缴纳,当月分配。

(5) 固定资产业务的处理:企业固定资产包括房屋及建筑物、办公设备和运输工具,均为在用状态,采用平均年限法按月计提折旧。

(6) 存货业务的处理:存货分类存放并按项目进行核算,采用永续盘存制;存货按实际成本计价,发出存货采用"全月加权平均法"计算。

(7) 税费的处理:企业为增值税一般纳税人,增值税税率为13%,按当期应交增值税的7%计算城市维护建设税,按3%计算教育费附加,按2%计算地方教育费附加;企业所得税的计税依据为应纳税所得额,税率为25%,年末不考虑应纳税所得额调整和暂时性差异;公司代扣代缴个人所得税,其费用扣除标准为5 000元。

(8) 财产清查的处理:公司每年年末对存货及固定资产进行清查,根据盘点结果编制"盘点表",由库存管理员审核后进行处理。

(9) 利润分配:根据公司章程,公司税后利润按以下顺序及规定分配:弥补亏损;提取法定盈余公积(比例为10%);向投资者分配利润。

(10) 损益类账户的结转:损益类账户结转采用月结法,结转时按收入和支出分别生成记账凭证,或合并生成记账凭证。

三、模拟企业期初资料

(一) 总账期初余额

总账期初余额,如表3.2所示。

表3.2　　总账期初余额　　单位:元

序号	科目名称	方向	期初余额	序号	科目名称	方向	期初余额
1	库存现金	借	40 000.00	11	应付账款	贷	50 000.00
2	银行存款	借	2 000 000.00	12	应付职工薪酬	贷	508 000.00
3	应收账款	借	900 000.00	13	应交税费	贷	93 384.00
4	原材料	借	1 120 600.00	14	其他应付款	贷	50 000.00
5	库存商品	借	546 000.00	15	负债合计		701 384.00
6	周转材料	借	295 300.00	16	实收资本	贷	12 000 000.00
7	固定资产	借	7 919 500.00	17	盈余公积	贷	209 933.36
8	累计折旧	贷	310 082.64	18	本年利润	贷	0.00
9	生产成本	借	1 030 000.00	19	利润分配	贷	630 000.00
10	资产合计		13 541 317.36	20	所有者权益合计		12 839 933.36

(二) 各明细账资料

1. 日记账期初余额资料

日记账期初余额资料,如表3.3所示。

表3.3　　日记账期初余额　　单位:元

科目名称	币别	期初余额
库存现金(1001)	人民币	40 000.00
银行存款(1002)	人民币	2 000 000.00
工商银行(100201)	人民币	2 000 000.00

2. 三栏式明细账期初余额资料

三栏式明细账期初余额资料,如表 3.4 所示。

表 3.4 三栏式明细账期初余额 单位:元

科目编码	科目名称	期初借方	期初贷方
1122	应收账款	900 000.00	—
112201	上海万联	500 000.00	—
112202	天津广达商贸	400 000.00	—
2202	应付账款	—	50 000.00
220201	天津好运来装修	—	50 000.00
2211	应付职工薪酬	—	508 000.00
221101	短期薪酬	—	508 000.00
22110101	工资	—	508 000.00
22110102	工会经费	—	
22110103	单位住房公积金	—	
22110104	单位生育保险	—	
22110105	单位工伤保险	—	
22110106	单位医疗保险	—	
221102	离职后福利	—	
22110201	单位养老保险	—	
22110202	单位失业保险	—	
2221	应交税费	—	93 384.00
222102	应交所得税	—	21 000.00
222103	未交增值税	—	58 200.00
222104	应交城市维护建设税	—	4 074.00
222105	应交教育费附加	—	1 746.00
222106	应交地方教育费附加	—	1 164.00
222107	应交个人所得税	—	7 200.00
222108	应交印花税	—	—
2241	其他应付款	—	50 000.00
224101	广州西联	—	50 000.00
4001	实收资本	—	12 000 000.00
400101	上海嘉华投资	—	8 000 000.00
400102	天津吉大投资	—	4 000 000.00
4101	盈余公积	—	209 933.36
4103	本年利润	—	
4104	利润分配	—	630 000.00
410401	未分配利润	—	630 000.00

3. 数量金额式明细账期初余额资料

(1) 原材料期初余额资料,如表3.5所示。

表3.5 原材料期初余额 金额单位:元

明细账户及材料名称	计量单位	结存数量	单价	结存金额
原料及主要材料				
不锈钢板	张	734	500	367 000
玻璃板	张	650	300	195 000
配件				
WK电子配件	只	1 500	162	243 000
全自动温控器	只	500	381.2	190 600
辅助材料				
油漆	桶	600	200	120 000
螺丝螺母	盒	500	10	5 000
合计				1 120 600

(2) 周转材料期初余额资料,如表3.6所示。

表3.6 周转材料期初余额 金额单位:元

明细账户及材料名称	计量单位	结存数量	单价	结存金额
工作服	套	120	200	24 000
手套	双	130	10	1 300
包装箱	只	900	300	270 000
合计				295 300

(3) 库存商品期初余额资料,如表3.7所示。

表3.7 库存商品期初余额 金额单位:元

明细账户及材料名称	计量单位	结存数量	实际单价	结存金额
GH8000多功能烤箱	台	110	2 200	242 000
WH01集成烤箱	台	80	3 800	304 000
合计				546 000

4. 多栏式明细账资料

生产成本明细账期初余额资料,如表3.8所示。

表3.8 生产成本明细账期初余额 单位:元

成本项目 / 产品名称	直接材料	直接人工	制造费用	合计
GH8000多功能烤箱	400 000	40 000	4 000	444 000
WH01集成烤箱	500 000	80 000	6 000	586 000
合计	900 000	120 000	10 000	1 030 000

5. 固定资产登记簿资料

(1) 各类别资料,如表 3.9 所示。

表 3.9　各类别资料

类别编号	类型	预计可使用年限(年)	预计净残值率	折旧方法
1	房屋建筑物	20	5%	平均年限法
2	机器设备	10	5%	平均年限法
3	交通工具	5	5%	平均年限法
4	电子设备	3	5%	平均年限法

(2) 在用的期初固定资产明细资料,如表 3.10 所示。

表 3.10　在用的期初固定资产明细资料

卡片编号	资产编号	固定资产名称	类别	使用部门	增加方式	使用年限(年)	开始使用日期	原值(元)	累计折旧(元)	已计提月份
00001	101	厂房	厂房建筑物	生产部	在建工程转入	20	2021-05-01	5 200 000.00	144 083.33	7
00002	301	奔驰轿车	交通工具	综合管理部	直接购入	5	2021-06-01	400 000.00	38 000.00	6
00003	302	GL8 商务车	交通工具	销售部	直接购入	5	2021-05-01	280 000.00	31 033.33	7
00004	201	GH8000 生产线	机器设备	生产部	投资者投入	10	2021-05-01	560 000.00	31 033.33	7
00005	202	WH01 生产线	机器设备	生产部	直接购入	10	2021-06-01	880 000.00	41 800.00	6
00006	203	装配设备	机器设备	生产部	直接购入	10	2021-07-01	580 000.00	22 958.33	5
00007	401	联想计算机	电子设备	综合管理部	直接购入	3	2021-09-01	5 500.00	435.42	3
00008	402	惠普计算机	电子设备	销售部	直接购入	3	2021-10-01	8 500.00	448.61	2
00009	403	联想计算机	电子设备	采购部	直接购入	3	2021-10-01	5 500.00	290.28	2
合计(共计卡片 9 张):								7 919 500.00	310 082.64	

四、模拟企业经济业务及会计资料

(一) 天津吉大卢卡设备有限公司 2022 年 1 月份经济业务

根据资料判断经济业务,填制记账凭证,登记账簿。

【业务 1】　4 日，接受货币资金投资（公司章程另行保管，因此略），如凭证 1-1 和凭证 1-2 所示。

凭证 1-1

投资协议书

2022年1月4日

投资单位（甲方）	上海嘉华投资有限公司	接受单位（乙方）	天津吉大卢卡设备有限公司
账号或地址	6622200000545512222	账号或地址	0300200888898
开户银行	中国银行上海浦东支行	开户银行	工商银行天津市滨海支行
投资金额	人民币（大写）：贰佰万元整		
协议条款	经双方友好协商达成如下协议： 1. 投资期限20年。 2. 在投资期限内甲方不得抽回投资。 3. 在投资期限内乙方保证甲方投资保值和增值。 4. 在投资期限内乙方应按利润分配规定支付甲方利润。 5. 未尽事宜另行商定。 甲方盖章：（上海嘉华投资有限公司）　乙方盖章：（天津吉大卢卡设备有限公司） 甲方代表签字：王舒影　乙方代表签字：李峰 签订时间：2022年01月04日　签订时间：2022年01月04日		

凭证 1-2

ICBC 中国工商银行

业务回单（收款）

入账时间：　2022-01-04　　回单编号：1416790012

付款人户名：上海嘉华投资有限公司
付款人账号：6622200000545512222
付款人开户行（发报行）：　中国银行上海浦东支行
收款人户名：天津吉大卢卡设备有限公司
收款人账号：0300200888898
收款人开户行（发报行）：　工商银行天津市滨海支行
币种：人民币 金额（小写）　¥2 000 000.00
金额（大写）人民币：贰佰万元整
凭证种类：0　凭证号码：49342
业务（产品）种类：　电汇　　摘要：投资款　　渠道：柜台交易
交易机构号：000899000231　记账柜员号：121007　交易代码：0537811　用途：
附言：　投资款
支付交易序号：3420112　报文种类：CWT100　委托日期：　2022-01-04
业务种类：
打印次数：1次机打回单　注意重复　打印日期：2022-01-04 打印柜员：000123　验证码：5784CA0061

（中国工商银行股份有限公司天津滨海支行 20220104 业务专用章 (01)）

【业务2】 4日，根据请款单和合同办理付款业务，如凭证2-1至凭证2-3所示。

凭证 2-1

公司费用请款单

2022年1月4日

请款人	李群	请款部门	采购部			领款人签字确认
收款单位	威卡科技（北京）有限公司	支付用途	购买材料定金			
使用项目	生产	合同编号	CG202210402			
支付类型	到期付款：　预付货款：√　往来款：　借款：					
支付金额	大写：肆万零陆佰捌拾元整　小写：￥40 680.00					
支付方式	现金：　转账支票：　电汇：√　其他：					
收回票据	增票：√　普票：　专用收据：　其他：					
请款部门负责人签字	罗芳 2022年1月4日	往来会计签字	赵强 2022年1月4日	财务签字	王明 2022年1月4日	李群
总经理签字	李峰 2022年1月4日					

凭证 2-2

购销合同

合同编号:CG202210402

供方：威卡科技（北京）有限公司
需方：天津吉大卢卡设备有限公司

为保护买卖双方的合法权益，买卖双方根据《中华人民共和国合同法》的有关规定，经友好协商，一致同意签订本合同并共同遵守：

1. 货物名称、型号、数量、价格、合同总额

序号	货物名称	规格型号	单位	数量	单价（不含税）	金额（不含税）	税率	价税合计
1	WK电子配件		只	1 000	120.00	120 000.00	13%	135 600.00
2								-
3								-
合计						￥120 000.00		￥135 600.00

2. 合同总金额：人民币壹拾叁万伍仟陆佰元整(¥135 600.00)。
3. 收款方式：合同签订日首次支付30%(¥40 680.00)，货到后10天内付齐余款(¥94 920.00)。
4. 发货时间：卖方于定金收取当日发出全部商品。
5. 交货地点：货物自提
6. 任何一方均不得修改本合同，如有修改须另行达成书面协议，否则本合同自动失效。
7. 其他：本合同一式贰份，供需双方各执壹份。本合同自双方签字盖章后生效，至本合同全部条款执行完毕后失效。

供方：威卡科技（北京）有限公司	需方：天津吉大卢卡设备有限公司
电话：010-84722888	电话：022-88786688
授权代表：田华	授权代表：李峰
签订时间：2022年01月04日	签订时间：2022年01月04日

凭证 2-3

中国工商银行电汇凭证（回单）　1

√普通　加急　　委托日期 2022年01月04日

汇款人	全称	天津吉大卢卡设备有限公司	收款人	全称	威卡科技（北京）有限公司
	账号	0300200888898		账号	0302000456371455784
	汇出地点	天津		汇入地点	北京
汇出行名称		中国工商银行天津市滨海支行	汇入行名称		中国工商银行北京市丰台第一支行
金额	人民币（大写）	肆万零陆佰捌拾元整		千百十万千百十元角分	￥4068000
汇出行签章	中国工商银行股份有限公司天津 滨海支行 20220104 业务专用章 (01)			票据安全码	
				附加信息及用途： 复核：　记账：	

此联汇出行给汇款人的回单

【业务 3】 5 日，支付前欠办公室装修项目尾款，如凭证 3-1 和凭证 3-2 所示。

凭证 3-1

公司费用请款单

2022年1月5日

请款人	杨贵			请款部门	综合管理部			领款人签字确认
收款单位	天津好运来装修工程有限公司			支付用途	装修尾款			
使用项目	办公室装修项目			合同编号				
支付类型	到期付款：√ 预付货款： 往来款： 借款：							
支付金额	大写：伍万元整 小写：¥50 000.00							
支付方式	现金： 转账支票： 电汇：√ 其他：							
收回票据	增票： 普票：√ 专用收据： 其他：							
请款部门负责人签字	王明 2022年1月5日	往来会计签字	赵强 2022年1月5日	财务签字	王明 2022年1月5日	总经理签字	李峰 2022年1月5日	杨贵

凭证 3-2

ICBC 中国工商银行

业务回单（付款）

入账时间： 2022-01-05 回单编号：1416781086

付款人户名：天津吉大卢卡设备有限公司

付款人账号：0300200888898

付款人开户行（发报行）：中国工商银行天津市滨海支行

收款人户名：天津好运来装修工程有限公司

收款人账号：6332212345644154541

收款人开户行（发报行）：中国建设银行滨海支行

币种：人民币 金额（小写）¥50 000.00

金额（大写）人民币：伍万元整

凭证种类：0 凭证号码：49342

业务（产品）种类： 转账 摘要：工程款 渠道：网上银行

交易机构号：000899000231 记账柜员号：121007 交易代码：0537811 用途：

附言： 装修尾款

支付交易序号：3420123 报文种类：CWT100 委托日期： 2022-01-05

业务种类：

打印次数：1次机打回单 注意重复 打印日期：2022-01-05 打印柜员：000123 验证码：5784CA0061

中国工商银行股份有限公司天津滨海支行 20220105 业务专用章 (01)

【业务 4】　6 日，财务人员将现金存入银行，其中，面值 100 元的 250 张，50 元的 100 张，10 元的 100 张，5 元的 80 张。请将凭证 4-1 填制完整。

凭证 4-1

ICBC 中国工商银行现金存款凭条

日期：2021年01月06日

存款人	全称	天津吉大卢卡设备有限公司		
	账号	0300200888898	款项来源	收入
	开户行	工商银行天津市滨海支行	交款人	李雪
金额（大写）			金额（小写）	亿 千 百 十 万 千 百 十 元 角 分

票面	张数	十	万	千	百	十	元	票面	张数	十	万	千	百	十	元	备注
壹佰元								伍角								
伍拾元								贰角								
贰拾元								壹角								
拾元								伍分								
伍元								贰分								
贰元								壹分								
壹元								其他								

【业务 5】　6 日，购买办公用品，如凭证 5-1 和凭证 5-2 所示。

凭证 5-1

公司费用请款单

2022年1月6日

请款人	赵强			请款部门	财务部			领款人签字确认
收款单位	天津华云财会用品有限公司			支付用途	购买办公用品			
使用项目				合同编号				
支付类型	到期付款：√　预付货款：　往来款：　借款：							
支付金额	大写：壹仟元整　小写：¥1 000.00							
支付方式	现金：√　转账支票：　电汇：　其他：							
收回票据	增票：　普票：√　专用收据：　其他：							
请款部门负责人签字	王明 2022年1月6日	往来会计签字	赵强 2022年1月6日	财务签字	王明 2022年1月6日	总经理签字	李峰 2022年1月6日	赵强

凭证 5-2

天津增值税普通发票

发票联

№ 05862345

1200172320

校验码

04343 97563 52317 36827

1200172320

05862345

开票日期：2022年01月06日

购买方	名　　称：天津吉大卢卡设备有限公司 纳税人识别号：911201160002635800 地址、电话：天津市滨海新区中心路14号 022-88786699 开户行及账号：工商银行滨海支行 0300200888898	密码区	037-8-880/-8647/->49*<618<33 6>/120054140>2*3-0+672<7* 5+-<<076641+41+>*>07591234 125490<42+*31/58>>33

货物或应税劳务、服务名称	规格型号	单位	数量	单价	金额	税率	税额
*印刷品*凭证打印纸		箱	4	242.72	970.87	3%	29.13
	现金付讫						
合　　计					¥970.87		¥29.13
价税合计（大写）	⊗壹仟圆整				（小写）¥1 000.00		

销售方	名　　称：天津华云财会用品有限公司 纳税人识别号：911201003403032456 地址、电话：天津市滨新区第一大街31号 022-25321234 开户行及账号：中国工商银行滨海支行 030200054324	备注	天津华云财会用品有限公司 911201003403032456 发票专用章

收款人：王强　　复核：　　开票人：刘煦　　销售方：（章）

税总函（2019）269号北京东港安全印刷有限公司

第二联：发票联　购买方记账凭证

【业务6】　6日，购置固定资产，Z460-3生产线（合同略），如凭证6-1至凭证6-5所示。（注：增值税专用抵扣联另行装订，不附在记账凭证后）

凭证 6-1

公司费用请款单

2020年1月6日

请款人	马方	请款部门	生产部	领款人签字确认
收款单位	广州惠民科技有限公司	支付用途	购买Z460-3生产线	
使用项目		合同编号	略	
支付类型	到期付款：√　预付货款：　往来款：　借款：			
支付金额	大写：叁拾叁万玖仟元整　小写：¥339 000.00			
支付方式	现金：　转账支票：　电汇：√　其他：			
收回票据	增票：√　普票：　专用收据：　其他：			

请款部门负责人签字	张亮 2022年1月6日	往来会计签字	年　月　日	财务签字	王明 2022年1月6日	总经理签字	李峰 2022年1月6日	马方

凭证 6-2

4200174130　　**广东增值税专用发票**　　№ 06591838

发票联

4200174130
06591838

开票日期：2022 年 01 月 04 日

购买方	名　　称：天津吉大卢卡设备有限公司 纳税人识别号：911201160002635800 地 址、电 话：天津市滨海新区中心路 14 号 02288786688 开户行及账号：工商银行滨海支行0300200888898	密码区	76/-8647/->49*<618<33 6>/0/433>2*3-0+672<7*5+ -<<41+41+>*>38*8460125490< 42+*00121231/50128>>33

货物或应税劳务、服务名称	规格型号	单位	数量	单价	金额	税率	税额
*组合机床*Z460-3 生产线		台	1	300 000.00	300 000.00	13%	39 000.00
合　　计					¥300 000.00		¥39 000.00
价税合计（大写）	⊗叁拾叁万玖仟圆整				（小写）¥339 000.00		

销售方	名　　称：广州惠民科技有限公司 纳税人识别号：91440103420002456 地 址、电 话：广州市越秀区幸福路 86 号 020-84722888 开户行及账号：中国工商银行广州市第一支行 030200045637	备注	广州惠民科技有限公司 91440103420002456 发票专用章

收款人：刘立　　复核：　　开票人：陈民　　销售方：（章）

税总函（2020）113号珠江印钞有限公司

第三联：发票联　购买方记账凭证

凭证 6-3

4200174130　　**广东增值税专用发票**　　№ 06591838

抵扣联

4200174130
06591838

开票日期：2022 年 01 月 04 日

购买方	名　　称：天津吉大卢卡设备有限公司 纳税人识别号：911201160002635800 地 址、电 话：天津市滨海新区中心路 14 号 02288786688 开户行及账号：工商银行天津市滨海支行 0300200888898	密码区	76/-8647/->49*<618<33 6>/0/433>2*3 -0+672<7*5+ - <<41+41+>*>38*8460125490< 42+*00121231/50128>>33

货物或应税劳务、服务名称	规格型号	单位	数量	单价	金额	税率	税额
*组合机床*Z460-3 生产线		台	1	300 000.00	300 000.00	13%	39 000.00
合　　计					¥300 000.00		¥39 000.00
价税合计（大写）	⊗叁拾叁万玖仟圆整				（小写）¥339 000.00		

销售方	名　　称：广州惠民科技有限公司 纳税人识别号：91440103420002456 地 址、电 话：广州市越秀区幸福路 86 号 020-84722888 开户行及账号：中国工商银行广州市第一支行 030200045637	备注	广州惠民科技有限公司 91440103420002456 发票专用章

收款人：刘立　　复核：　　开票人：陈民　　销售方：（章）

税总函（2020）113号珠江印钞有限公司

第二联：抵扣联　购买方扣税凭证

凭证 6-4

ICBC 中国工商银行

业务回单（付款）

入账时间：2022-01-06　　回单编号：1536780656

付款人户名：天津吉大卢卡设备有限公司
付款人账号：0300200888898
付款人开户行（发报行）：工商银行天津市滨海支行
收款人户名：广州惠民科技有限公司
收款人账号：030200045637
收款人开户行（发报行）：中国工商银行广州第一支行
币种：人民币　　金额（小写）¥339 000.00
金额（大写）人民币 叁拾叁万玖仟元整
凭证种类：0　凭证号码：49342
业务（产品）种类：电汇　　摘要：货款　　渠道：柜台交易
交易机构号：000899000231　记账柜员号：121007　交易代码：0537811　用途：
附言：货款
支付交易序号：3420012　报文种类：CWT100　委托日期：2022-01-06
业务种类：

中国工商银行股份有限公司天津
滨海支行
20220106
受理凭证专用章
付妥业务（1）

打印次数：1次机打回单注意重复　打印日期：2022-01-06　打印柜员：000123　验证码：5784CA0061

凭证 6-5

固定资产验收交接单

固定资产类别：机器设备　　编号：G00300001

固定资产名称	Z460-3生产线	规格型号		生产单位	广州惠民科技有限公司	取得来源	直接购入
原值	¥300 000.00	预计净残值率	5%	使用部门		生产部	
生产日期	2021.12.25	验收日期	2022.1.6	开始使用日期	2022.1.7	预计使用年限	10年
投入日期	2022.1.7	投入时已使用年限		尚能使用年限	10年	投入时已提折旧	
验收意见	符合规定质量标准，验收合格。 负责人：张亮						
移交单位	广州惠民科技有限公司	移交单位负责人	张岭		移交人	杨平	
接管单位	天津吉大卢卡设备有限公司	接管单位负责人	李峰		接管人	马方	

【业务7】 7日，采购配件，如凭证7-1至凭证7-6所示。

凭证 7-1

购销合同

合同编号:CG202210702

供方：云联气体仪器贸易（上海）有限公司
需方：天津吉大卢卡设备有限公司

为保护买卖双方的合法权益，买卖双方根据《中华人民共和国合同法》的有关规定，经友好协商，一致同意签订本合同并共同遵守：

1.货物名称、型号、数量、价格、合同总额

序号	货物名称	规格型号	单位	数量	单价（不含税）	金额（不含税）	税率	价税合计
1	全自动温控器		只	500	380.00	190 000.00	13%	214 700.00
2								
合计						¥ 190 000.00		¥ 214 700.00

2.合同总金额：人民币贰拾壹万肆仟柒佰元整(¥214 700.00)。
3.收款方式：货到付款。
4.交货时间：卖方于收到货款当日发出全部商品。
5.交货地点：货物自提。
6.任何一方均不得修改本合同，如有修改须另行达成书面协议，否则本合同自动失效。
7.其他：本合同一式贰份，供需双方各执壹份。本合同自双方签字盖章后生效，至本合同全部条款执行完毕后失效。

供　方：云联气体仪器贸易（上海）有限公司　　需　方：天津吉大卢卡设备有限公司
电　话：021-27651……　　电　话：022-887866……
授权代表：闫黎明　　授权代表：李峰
签订时间：2022年01月07日　　签订时间：2022年01月07日

凭证 7-2

公司费用请款单

2022年1月7日

请款人	李群			请款部门	采购部		领款人签字确认
收款单位	云联气体仪器贸易（上海）有限公司			支付用途	货款		
用途/项目	生产			合同编号	CG202210702		
支付类型	到期付款：√　预付货款：　往来款：　借款：						
支付金额	大写：贰拾壹万肆仟柒佰元整　小写：¥214 700.00						
支付方式	现金：　转账支票：　电汇：　其他：√网上银行						
收回票据	增票：√　普票：　专用收据：　其他：						
请款部门负责人签字	罗芳 2022年1月7日	往来会计签字	赵强 2022年1月7日	财务签字	王明 2022年1月7日	总经理签字 李峰 2022年1月7日	李群

凭证 7-3

ICBC 中国工商银行

业务回单（付款）

入账时间：　2022-01-07　　回单编号：1416783072

付款人户名：天津吉大卢卡设备有限公司
付款人账号：0300200888898
付款人开户行（发报行）：中国工商银行天津市滨海支行
收款人户名：云联气体仪器贸易（上海）有限公司
收款人账号：03020005435512113332
收款人开户行（发报行）：中国工商银行浦东支行
币种：人民币　金额（小写）　¥214 700.00
金额（大写）　人民币：贰拾壹万肆仟柒佰元整
凭证种类：0　凭证号码：49543
业务（产品）种类：　转账　　摘要：货款　　渠道：网上银行
交易机构号：000899000231　记账柜员号：121007　交易代码：0537811　用途：
附言：　货款　　CG202210702
支付交易序号：3420112　报文种类：CWT100　委托日期:2022-01-07
业务种类：
打印次数：1次机打回单　注意重复　打印日期：2022-01-07　打印柜员：000123　验证码：5784CA0061

（印章：中国工商银行股份有限公司天津滨海支行 20220107 业务专用章 (01)）

凭证 7-4

1010231140　　上海增值税专用发票　　№ 48651230　　1010231140　48651230

开票日期：2022年01月07日

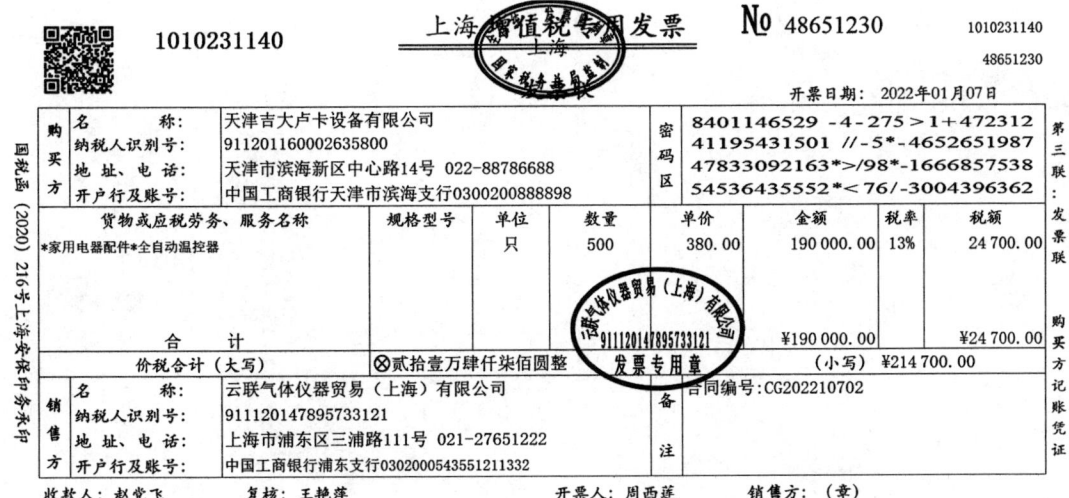

购买方	名　　称：天津吉大卢卡设备有限公司 纳税人识别号：911201160002635800 地 址、电 话：天津市滨海新区中心路14号 022-88786688 开户行及账号：中国工商银行天津市滨海支行0300200888898	密码区	8401146529 -4-275 >1+472312 41195431501 //-5*-4652651987 47833092163*>/98*-1666857538 54536435552*<76/-3004396362

货物或应税劳务、服务名称	规格型号	单位	数量	单价	金额	税率	税额
*家用电器配件*全自动温控器		只	500	380.00	190 000.00	13%	24 700.00
合　　计					¥190 000.00		¥24 700.00
价税合计（大写）	⊗贰拾壹万肆仟柒佰圆整				（小写）¥214 700.00		

销售方	名　　称：云联气体仪器贸易（上海）有限公司 纳税人识别号：911120147895733121 地 址、电 话：上海市浦东区三浦路111号 021-27651222 开户行及账号：中国工商银行浦东支行03020005435512113332	备注	合同编号:CG202210702

收款人：赵党飞　　复核：王艳萍　　开票人：周西莲　　销售方：（章）

（印章：云联气体仪器贸易（上海）有限公司 911120147895733121 发票专用章）

第三联：发票联　购买方记账凭证

国税函（2020）216号上海安保印务承印

凭证 7-5

1010231140　　上海增值税专用发票　　№ 48651230　　1010231140

48651230

抵扣联　　开票日期：2022年01月07日

国税函（2020）216号上海安保印务承印

购买方	名　　称：天津吉大卢卡设备有限公司 纳税人识别号：911201160002635800 地 址、电 话：天津市滨海新区中心路14号 022-88786688 开户行及账号：中国工商银行天津市滨海支行0300200888898	密码区	8401146529 -4-275＞1+472312 41195431501 //-5*-4652651987 47833092163*>/98*-1666857538 54536435552*＜76/-3004396362

货物或应税劳务、服务名称	规格型号	单位	数量	单价	金额	税率	税额
*家用电器配件*全自动温控器		只	500	380.00	190 000.00	13%	24 700.00
合　计					¥190 000.00		¥24 700.00
价税合计（大写）	⊗贰拾壹万肆仟柒佰圆整				（小写）¥214 700.00		

销售方	名　　称：云联气体仪器贸易（上海）有限公司 纳税人识别号：911120147895733121 地 址、电 话：上海市浦东区三浦路111号 021-27651222 开户行及账号：中国工商银行浦东支行0302000543551211332	备注	合同编号：CG202210702

收款人：赵党飞　　复核：王艳萍　　开票人：周西莲　　销售方：（章）

第二联：抵扣联　购买方抵扣凭证

（印章：云联气体仪器贸易（上海）有限公司 911120147895733121 发票专用章）

凭证 7-6

入库单

编号：G20××010001　　2022 年 1 月 7 日　　仓库：原料库

进货单位	品名	规格型号	数量	单位	单价（元）	金额（元）
云联气体仪器贸易（上海）有限公司	全自动温控器		500	只	380.00	190 000.00

采购员：王颖　　库管员：江季

注：本单一式两联，第一联为仓库记账联，第二联交采购员办理付款并作为财务记账联。本单适用于成品以外的物品入库。

【业务 8】 7 日，销售产品，产品出库单在后期汇总处理，如凭证 8-1 至凭证 8-3 所示。

凭证 8-1

购 销 合 同

合同编号：XS202210701

供方：天津吉大卢卡设备有限公司
需方：上海万盛家电商贸有限公司

为保护买卖双方的合法权益，买卖双方根据《中华人民共和国合同法》的有关规定，经友好协商，一致同意签订本合同并共同遵守：

1. 货物名称、型号、数量、价格、合同总额

序号	货物名称	规格型号	单位	数量	单价（不含税）	金额（不含税）	税率	价税合计
1	GH8000多功能烤箱		台	80	5 000.00	400 000.00	13%	452 000.00
2	WH01集成烤箱		台	40	8 000.00	320 000.00	13%	361 600.00
合　计						¥720 000.00		¥813 600.00

2. 合同总金额：人民币捌拾壹万叁仟陆佰元整(¥813 600.00)。
3. 收款方式：款齐发货。
4. 发货时间：卖方于收齐款项当日发出全部商品。
5. 交货地点：货物自提。
6. 任何一方均不得修改本合同，如有修改须另行达成书面协议，否则本合同自动失效。
7. 其他：本合同一式贰份，供需双方各执壹份。本合同自双方签字盖章后生效，至本合同全部条款执行完毕后失效。

供　　方：天津吉大卢卡设备有限公司	需　　方：上海万盛家电商贸有限公司
电　　话：022-88786688	电　　话：021-67231234
授权代表：李峰	授权代表：王佳
签订时间：2022年1月7日	签订时间：2022年1月7日

凭证 8-2

ICBC 中国工商银行

业务回单（收款）

入账时间：　2022-01-07　　　　回单编号：1416790006

付款人户名：　上海万盛家电商贸有限公司
付款人账号：　0302000000603121566
付款人开户行（发报行）：　中国工商银行上海市徐汇支行
收款人户名：　天津吉大卢卡设备有限公司
收款人账号：　0300200888898
收款人开户行（发报行）：　中国工商银行天津市滨海支行
币种：人民币　金额（小写）¥813 600.00
金额（大写）　人民币：捌拾壹万叁仟陆佰元整
凭证种类：0　凭证号码：49342
业务（产品）种类：　网银支付　　　　摘要：货款　　　　渠道：网上银行
交易机构号：000899000231　记账柜员号：121007　交易代码：0537811　用途：
附言：　　货款
支付交易序号：3420012　报文种类：CWT100　委托日期：　2022-01-07
业务种类：
打印次数：1次机打回单　注意重复　打印日期：2022-01-07　打印柜员：000123　验证码：5784CA0061

中国工商银行股份有限公司天津 滨海支行 20220107 业务专用章 (01)

凭证 8-3

1200174130

天津增值税专用发票　No 66381822　1200174130 66381822

此联不作报销、扣税凭证使用

开票日期：2022年01月07日

购买方	名　　称：上海万盛家电商贸有限公司 纳税人识别号：911310104954602807 地 址、电 话：上海市中山西路120号 021-67231234 开户行及账号：中国工商银行上海市徐汇支行0302000000603121566			密码区	12172312-4-275>1+46*54*1346 145<181321-5-8182*59*09618 8<4<3*2702-9>9*+153-/01234 1283*08/4-/*152-3*0/9/<<-*25351		
货物或应税劳务、服务名称	规格型号	单位	数量	单价	金额	税率	税额
*家用电热烘烤家具*GH8000多功能烤箱		台	80	5 000.00	40 0000.00	13%	52 000.00
*家用电热烘烤家具*WH01集成烤箱		台	40	8 000.00	32 0000.00	13%	41 600.00
合　计					¥720 000.00		¥93 600.00
价税合计（大写）	⊗捌拾壹万叁仟陆佰圆整				（小写）¥813 600.00		
销售方	名　　称：天津吉大卢卡设备有限公司 纳税人识别号：911201160002635800 地 址、电 话：天津市滨海新区中心路14号 022-88786688 开户行及账号：中国工商银行天津市滨海支行0300200888898			备注	合同编号：XS202210701		

收款人：赵强　　复核：王明　　开票人：李雪　　销售方：（章）

国税函（2020）113号北京安保印务承印

第一联：记账联　销售方记账凭证

【业务 9】 10 日，支付职工本月社会保险费和住户公积金，如凭证 9-1 至凭证 9-4 所示。

凭证 9-1

天津市社会保险费基金专用收据

2022年01月10日

单位名称：　天津吉大卢卡设备有限公司　　　　　　单位代码：98034321

当月社会保险费明细			
养老：20 400.00　　失业：850.00　　医疗：10 200.00 工伤：170.00　　生育：425.00			
补（预）缴社会保险费明细			
付款人账号/现金/支票/POS	0300200888898	票据打印时间	2022-01-10　09:59:15
社保流水	202201102213	银行流水	202201102213
金额	人民币（小写）：	¥32 045.00	
	人民币（大写）：	叁万贰仟零肆拾伍元整	

第二联　收据联　手写无效

收款单位（盖章）：　　　　　收款人：

注：无收款单位收讫章无效

凭证 9-2

职工保险明细表

所属期：2022年01月01日至2022年01月31日

序号	姓名	部门	社保基数	养老		医疗		失业		生育	工伤	保险小计		
				单位	个人	单位	个人	单位	个人	单位	单位	单 位	个 人	保险合计
	计提比例			16%	8%	10%	2%	0.50%	0.50%	0.50%	0.20%	27%	10.50%	38%
G11	李峰	综合管理部	10 000.00	1 600.00	800.00	1 000.00	200.00	50.00	50.00	50.00	20.00	2 720.00	1 050.00	3 770.00
G12	杨贵	综合管理部	6 000.00	960.00	480.00	600.00	120.00	30.00	30.00	30.00	12.00	1 632.00	630.00	2 262.00
F11	王明	财务部	10 000.00	1 600.00	800.00	1 000.00	200.00	50.00	50.00	50.00	20.00	2 720.00	1 050.00	3 770.00
F12	赵强	财务部	8 000.00	1 280.00	640.00	800.00	160.00	40.00	40.00	40.00	16.00	2 176.00	840.00	3 016.00
F13	李雪	财务部	5 000.00	800.00	400.00	500.00	100.00	25.00	25.00	25.00	10.00	1 360.00	525.00	1 885.00
S11	林卿	销售部	6 000.00	960.00	480.00	600.00	120.00	30.00	30.00	30.00	12.00	1 632.00	630.00	2 262.00
S12	谢玄	销售部	5 000.00	800.00	400.00	500.00	100.00	25.00	25.00	25.00	10.00	1 360.00	525.00	1 885.00
S13	郭丽华	销售部	5 000.00	800.00	400.00	500.00	100.00	25.00	25.00	25.00	10.00	1 360.00	525.00	1 885.00
P11	罗芳	采购部	6 000.00	960.00	480.00	600.00	120.00	30.00	30.00	30.00	12.00	1 632.00	630.00	2 262.00
P12	王颖	采购部	4 000.00	640.00	320.00	400.00	80.00	20.00	20.00	20.00	8.00	1 088.00	420.00	1 508.00
P13	李群	采购部	4 000.00	640.00	320.00	400.00	80.00	20.00	20.00	20.00	8.00	1 088.00	420.00	1 508.00
W11	张亮	生产部	8 000.00	1 280.00	640.00	800.00	160.00	40.00	40.00	40.00	16.00	2 176.00	840.00	3 016.00
W12	马方	生产部	4 000.00	640.00	320.00	400.00	80.00	20.00	20.00	20.00	8.00	1 088.00	420.00	1 508.00
W13	江季	生产部	4 000.00	640.00	320.00	400.00	80.00	20.00	20.00	20.00	8.00	1 088.00	420.00	1 508.00
	合计			13 600.00	6 800.00	8 500.00	1 700.00	425.00	425.00	425.00	170.00	23 120.00	8 925.00	32 045.00

凭证 9-3

天津市住房公积金单位缴存汇总表

2022年1月10日　　　　编号：191201502014093454

单位名称	天津吉大卢卡设备有限公司			
单位代码	888898	汇缴年月	2022年1月	
项目	增加		封存减少	调整差额
	新开户	启封		
人数				——
月缴金额			——	
项目	本月汇缴	个人补缴	合计	
人数	14		——	
缴存金额			¥20 400.00	
缴存金额合计（大写）　贰万零肆佰元整				
单位签章：（天津吉大卢卡设备有限公司）		管理部或中心签章：（中国工商银行股份有限公司 20220110 业务专用章 （01）） 经办人：00691　　会计：		

一式三份，中心、建设银行、单位各留存一份。

凭证 9-4

职工公积金明细表

所属期：2022年01月01日至2022年01月31日

序号	姓名	部门	公积金基数	养老		
				单位	个人	保险合计
	计提比例			12%	12%	24%
G11	李峰	综合管理部	10 000.00	1 200.00	1 200.00	2 400.00
G12	杨贵	综合管理部	6 000.00	720.00	720.00	1 440.00
F11	王明	财务部	10 000.00	1 200.00	1 200.00	2 400.00
F12	赵强	财务部	8 000.00	960.00	960.00	1 920.00
F13	李雪	财务部	5 000.00	600.00	600.00	1 200.00
S11	林卿	销售部	6 000.00	720.00	720.00	1 440.00
S12	谢玄	销售部	5 000.00	600.00	600.00	1 200.00
S13	郭丽华	销售部	5 000.00	600.00	600.00	1 200.00
P11	罗芳	采购部	6 000.00	720.00	720.00	1 440.00
P12	王颖	采购部	4 000.00	480.00	480.00	960.00
P13	李群	采购部	4 000.00	480.00	480.00	960.00
W11	张亮	生产部	8 000.00	960.00	960.00	1 920.00
W12	马方	生产部	4 000.00	480.00	480.00	960.00
W13	江季	生产部	4 000.00	480.00	480.00	960.00
	合计			10 200.00	10 200.00	20 400.00

【业务 10】 10 日，提取现金，作为备用金，如凭证 10-1 和凭证 10-2 所示。

凭证 10-1

公司费用请款单

2022年1月10日

<table>
<tr><td>请款人</td><td colspan="2">李雪</td><td>请款部门</td><td colspan="4">财务部</td><td rowspan="7">领款人签字确认</td></tr>
<tr><td>收款单位</td><td colspan="2">天津吉大卢卡</td><td>支付用途</td><td colspan="4">备用金</td></tr>
<tr><td>使用项目</td><td colspan="2"></td><td>合同编号</td><td colspan="4"></td></tr>
<tr><td>支付类型</td><td colspan="7">到期付款：√　预付货款：　往来款：　借款：</td></tr>
<tr><td>支付金额</td><td colspan="7">大写：伍万捌仟元整　小写：¥58 000.00</td></tr>
<tr><td>支付方式</td><td colspan="7">现金：√　转账支票：　电汇：　其他：</td></tr>
<tr><td>收回票据</td><td colspan="7">增票：　普票：　专用收据：　其他：√</td></tr>
<tr><td>请款部门负责人签字</td><td>王明
2022年1月10日</td><td>往来会计签字</td><td>年　月　日</td><td>财务签字</td><td>王明
2022年1月10日</td><td>总经理签字</td><td>李峰
2022年1月10日</td><td>李雪</td></tr>
</table>

凭证 10-2

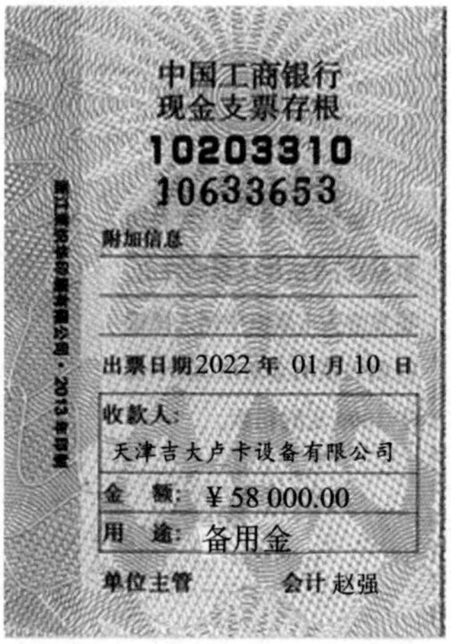

中国工商银行
现金支票存根
10203310
10633653
附加信息
出票日期 2022 年 01 月 10 日
收款人：天津吉大卢卡设备有限公司
金　额：¥58 000.00
用　途：备用金
单位主管　会计 赵强

【业务 11】 10 日，发放上月工资，如凭证 11-1 至凭证 11-3 所示。

凭证 11-1

工资结算表

所属期：2021年12月01日至2021年12月31日　　　　支付日期：2022年1月10日

工号	部门	岗位	姓名	基本工资	岗位工资	应付工资	累计收入额	累计减除费用	累计专项扣除	累计专项附加扣除	应纳税所得额	税率/预扣率	速算扣除数	应纳税额	已缴税额	应补/退税额	实发工资
G11	综合管理部	经理	李峰	10 000.00	4 000.00	14 000.00	175 000.00	60 000.00	27 000.00	—	88 000.00	10%	2 520.00	6 280.00	5 652.00	628.00	13 372.00
G12	综合管理部	秘书	杨贵	6 000.00	2 000.00	8 000.00	100 000.00	60 000.00	16 200.00	—	23 800.00	3%	—	714.00	642.60	71.40	7 928.60
F11	财务部	经理	王明	10 000.00	1 000.00	11 000.00	137 500.00	60 000.00	27 000.00	—	50 500.00	10%	2 520.00	2 530.00	2 277.00	253.00	10 747.00
F12	财务部	会计	赵强	8 000.00	2 000.00	10 000.00	125 000.00	60 000.00	21 600.00	—	43 400.00	10%	2 520.00	1 820.00	1 638.00	182.00	9 818.00
F13	财务部	出纳	李雪	5 000.00	1 000.00	6 000.00	75 000.00	60 000.00	13 500.00	4 400.00	—	3%	—	—	-	—	6 000.00
S11	销售部	经理	林卿	6 000.00	1 000.00	7 000.00	87 500.00	60 000.00	16 200.00	—	11 300.00	3%	—	339.00	305.10	33.90	6 966.10
S12	销售部	业务员	谢玄	5 000.00	2 000.00	7 000.00	87 500.00	60 000.00	13 500.00	—	14 000.00	3%	—	420.00	378.00	42.00	6 958.00
S13	销售部	业务员	郭丽华	5 000.00	1 000.00	6 000.00	75 000.00	60 000.00	13 500.00	—	1 500.00	3%	—	45.00	40.50	4.50	5 995.50
P11	采购部	经理	罗芳	6 000.00	2 000.00	8 000.00	100 000.00	60 000.00	16 200.00	—	23 800.00	3%	—	714.00	642.60	71.40	7 928.60
P12	采购部	销售员	王颖	4 000.00	1 000.00	5 000.00	62 500.00	60 000.00	10 800.00	12 000.00	—	3%	—	—	—	—	5 000.00
P13	采购部	销售员	李群	4 000.00	1 000.00	5 000.00	62 500.00	60 000.00	10 800.00	12 000.00	—	3%	—	—	—	—	5 000.00
W11	生产部	经理	张亮	8 000.00	2 000.00	10 000.00	125 000.00	60 000.00	21 600.00	—	43 400.00	10%	2 520.00	1 820.00	1 638.00	182.00	9 818.00
W12	生产部	仓管员	马方	4 000.00	1 000.00	5 000.00	62 500.00	5 000.00	900.00	—	56 600.00	10%	2 520.00	3 140.00	—	3 140.00	1 860.00
W13	生产部	经理	江季	4 000.00	2 000.00	6 000.00	75 000.00	5 000.00	900.00	1 400.00	67 700.00	10%	2 520.00	4 250.00	—	4 250.00	1 750.00
		合计		85 000.00	23 000.00	108 000.00	1 350 000.00	730 000.00	209 700.00	29 800.00	424 000.00			22 072.00	13 213.80	8 858.20	99 141.80

制表人：赵强　　　　　　审批人：李峰

凭证 11-2

ICBC 中国工商银行

业务回单（付款）

入账时间： 2022-01-10　　回单编号：1416780876

付款人户名： 天津吉大卢卡设备有限公司
付款人账号： 0300200888898
付款人开户行（发报行）： 工商银行滨海支行
收款人户名：
收款人账号：
收款人开户行（发报行）：
币种：人民币 金额（小写） ￥499 141.80
金额（大写） 人民币：肆拾玖万玖仟壹佰肆拾壹元捌角整
凭证种类：0 凭证号码：49342
业务（产品）种类： 批量代付　　摘要：代付工资　　渠道：网上银行
交易机构号：000899000231　记账柜员号：121007　交易代码：0537811　用途：
附言： 工资
支付交易序号：3420012　报文种类：CWT100　委托2022-01-10
业务种类：
打印次数：1次机打回单　注意重复　打印日期：2022-01-10 打印柜员：000123　验证码：5784CA0061

（印章：中国工商银行股份有限公司天津滨海支行 20220110 业务专用章 (01)）

凭证 11-3

生产工人计时工资汇总表

所属期：2021 年 12 月 01 日至 2021 年 12 月 31 日　　　　支付日期：2022 年 1 月 10 日

部门	人数	计时	计时工资	支付方式
生产部	150	50 000	400 000.00	银行代发

制表人：赵强　　　　　　审批人：李峰

注：人员名单及工资明细略。

【业务 12】 11 日，退还保证金，如凭证 12-1 和凭证 12-2 所示。

凭证 12-1

公司费用请款单

2022年1月11日

<table>
<tr><td>请款人</td><td colspan="3">李群</td><td colspan="2">请款部门</td><td colspan="2">采购部</td><td rowspan="7">领
款
人
签
字
确
认</td></tr>
<tr><td>收款单位</td><td colspan="3">广州西联科技有限公司</td><td colspan="2">支付用途</td><td colspan="2">退还质量保证金</td></tr>
<tr><td>项目</td><td colspan="3"></td><td colspan="2">合同编号</td><td colspan="2">CG202211101</td></tr>
<tr><td>支付类型</td><td colspan="7">到期付款：√ 预付货款： 往来款： 借款：</td></tr>
<tr><td>支付金额</td><td colspan="7">大写：人民币伍万元整 小写：¥50 000.00</td></tr>
<tr><td>支付方式</td><td colspan="7">现金： 转账支票： 电汇：√ 其他：</td></tr>
<tr><td>收回票据</td><td colspan="7">增票： 普票： 专用收据 其他：</td></tr>
<tr><td>请款部门负责人签字</td><td>罗芳
2022年1月11日</td><td>往来会计签字</td><td>赵强
2022年1月11日</td><td>财务签字</td><td>王明
2022年1月11日</td><td>总经理签字</td><td>李峰
2022年1月11日</td><td>李群</td></tr>
</table>

凭证 12-2

ICBC 中国工商银行

业务回单（付款）

入账时间： 2022-01-11 回单编号：1416780946

付款人户名： 天津吉大卢卡设备有限公司

付款人账号： 0300200888898

付款人开户行（发报行）： 中国工商银行天津市滨海支行

收款人户名： 广州西联科技有限公司

收款人账号： 30200045898

收款人开户行（发报行）： 中国建设银行广州第一支行

币种：人民币 金额（小写） ¥50 000.00

金额（大写） 人民币：伍万元整

凭证种类：0 凭证号码：49677

业务（产品）种类： 电汇 摘要：退还质量保证金 渠道：柜台交易

交易机构号：000899000231 记账柜员号：121007 交易代码：0537811 用途：

附言： 退还质量保证金

支付交易序号：3420112 报文种类：CWT100 委托日期： 2022-01-11

业务种类：

打印次数：1次机打回单 注意重复 打印日期：2022-01-11 打印柜员：000123 验证码：5784CA0061

中国工商银行股份有限公司天津 滨海支行 20220111 业务专用章 (01)

【业务 13】 11 日，支付电汇手续费，如凭证 13-1 所示。

凭证 13-1

ICBC 中国工商银行

收费凭证

交易时间：2022-01-11　　回单编号：1416782236

付费账号：0300200888898
付费户名：天津吉大卢卡设备有限公司
开户行：中国工商银行天津市滨海支行
币种：人民币
合计实收金额（大写）人民币伍元整
合计实收金额（小写）¥5.00
合计应收金额（小写）¥5.00
付费方式：转账收费
业务（产品）种类：电汇
费用条件：电汇手续费
摘要：手续费
费用发生日期：2022-01-11　业务发生日：2022-01-11 交易时间：11：31：18

（印章：中国工商银行股份有限公司北京海淀支行 20220111 业务专用章(01)）

地区号：00302　经办：12301　复核：08065
打印次数：1次机打回单　注意重复　打印日期：2022-01-11 打印柜员：000123　验证码：5784CA0061

【业务 14】 12 日，采购配件，如凭证 14-1 至凭证 14-3 所示。

凭证 14-1

购 销 合 同

合同编号:CG202211202

供方：北京经贸电子有限公司
需方：天津吉大卢卡设备有限公司

为保护买卖双方的合法权益，买卖双方根据《中华人民共和国合同法》的有关规定，经友好协商，一致同意签订本合同并共同遵守：

1. 货物名称、型号、数量、价格、合同总额

序号	货物名称	规格型号	单位	数量	单价（不含	金额（不含税）	税率	价税合计
1	全自动温控器		只	500	360.00	180 000.00	13%	203 400.00
2								
合计						¥ 180 000.00		¥ 203 400.00

2. 合同总金额：人民币贰拾万叁仟肆佰元整(¥203 400.00)。
3. 收款方式：货到20天内付款。
4. 交货时间：卖方于收到货款当日发出全部商品。
5. 交货地点：货物自提。
6. 任何一方均不得修改本合同，如有修改须另行达成书面协议，否则本合同自动失效。
7. 其他：本合同一式贰份，供需双方各执壹份。本合同自双方签字盖章后生效，至本合同全部条款执行完毕后失效。

供　　方：北京经贸电子有限公司　　需　　方：天津吉大卢卡设备有限公司
电　　话：010-84721111　　电　　话：022-88786688
授权代表：范婷　　授权代表：李峰
签订时间：2022年01月12日　　签订时间：2022年01月12日

（印章：北京经贸电子有限公司 合同专用章；天津吉大卢卡设备有限公司 合同专用章）

凭证 14-2

1010231140　　**北京增值税专用发票**　　No 78651654　　1010231140 78651654

发票联　　　开票日期：2022年01月12日

国税函（2020）216号北京安保印务承印

购买方	名　　称：天津吉大卢卡设备有限公司 纳税人识别号：911201160002635800 地 址、电 话：天津市滨海新区中心路14号 022-88786688 开户行及账号：中国工商银行天津市滨海支行0300200888898	密码区	2213608489-4-275>1+472312 45977497821//-5*-2471158474 41195502073*>/98*-2034041718 92194216252*<76/-4081045452

货物或应税劳务、服务名称	规格型号	单位	数量	单价	金额	税率	税额
*家用电器配件*全自动温控器		只	500	360.00	180 000.00	13%	23 400.00
合　　计					¥180 000.00		¥23 400.00
价税合计（大写）	⊗贰拾万叁仟肆佰圆整				（小写）¥203 400.00		

销售方	名　　称：北京经贸电子有限公司 纳税人识别号：911110342000MD2456 地 址、电 话：北京市朝阳区三元里86号 010-84721111 开户行及账号：中国工商银行北京市朝阳支行670084355612	备注	合同编号：CG2022[illegible]1202 北京经贸电子有限公司 911110342000MD2456 发票专用章

收款人：李爱显　　复核：赵传燕　　开票人：杨帆　　销售方：（章）

第三联：发票联　购买方记账凭证

凭证 14-3

1010231140　　**北京增值税专用发票**　　No 78651654　　1010231140 78651654

抵扣联　　　开票日期：2022年01月12日

国税函（2020）216号北京安保印务承印

购买方	名　　称：天津吉大卢卡设备有限公司 纳税人识别号：911201160002635800 地 址、电 话：天津市滨海新区中心路14号 022-88786688 开户行及账号：中国工商银行天津市滨海支行0300200888898	密码区	2213608489-4-275>1+472312 45977497821//-5*-2471158474 41195502073*>/98*-2034041718 92194216252*<76/-4081045452

货物或应税劳务、服务名称	规格型号	单位	数量	单价	金额	税率	税额
*家用电器配件*全自动温控器		只	500	360.00	180 000.00	13%	23 400.00
合　　计					¥180 000.00		¥23 400.00
价税合计（大写）	⊗贰拾万叁仟肆佰圆整				（小写）¥203 400.00		

销售方	名　　称：北京经贸电子有限公司 纳税人识别号：911110342000MD2456 地 址、电 话：北京市朝阳区三元里86号 010-84721111 开户行及账号：中国工商银行北京市朝阳支行670084355612	备注	合同编号：CG2022[illegible]1202 北京经贸电子有限公司 911110342000MD2456 发票专用章

收款人：李爱显　　复核：赵传燕　　开票人：杨帆　　销售方：（章）

第二联：抵扣联　购买方抵扣凭证

【业务 15】 13 日，支付采购运费，如凭证 15-1 至凭证 15-5 所示。

凭证 15-1

公司费用请款单

2022年1月13日

请款人	王颖		请款部门	采购部				领款人签字确认
收款单位	天津五洲运输有限公司		支付用途	北京经贸电子全自动温控器运费				
使用项目			合同编号					
支付类型	到期付款：√　预付货款：　往来款：　借款：							
支付金额	大写：贰仟壹佰捌拾元整　小写：¥2 180.00							
支付方式	现金：　转账支票：√　电汇：　其他：							
收回票据	增票：√　普票：　专用收据：　其他：							
请款部门负责人签字	罗芳 2022年1月13日	往来会计签字	年 月 日	财务签字	王明 2022年1月13日	总经理签字	李峰 2022年1月13日	王颖

凭证 15-2

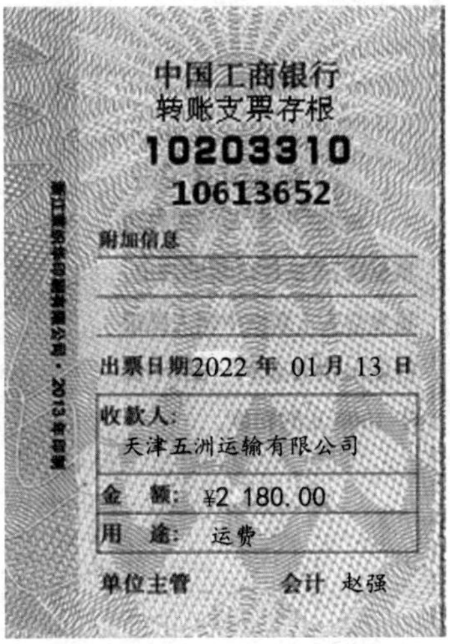
中国工商银行
转账支票存根
10203310
10613652
附加信息

出票日期 2022 年 01 月 13 日

收款人：天津五洲运输有限公司

金　额：¥2 180.00

用　途：运费

单位主管　　会计 赵强

凭证 15-3

入库单

编号：G20××010002　　2022 年 01 月 13 日　　仓库：原料库

进货单位	品名	规格型号	数量	单位	单价（元）	金额（元）
北京经贸电子有限公司	Z3 电子配件		1 000	只	202	202 000.00

采购员：王颖　　库管员：江季

注：本单一式两联，第一联为仓库记账联，第二联交采购员办理付款并作为财务记账联。本单适用于成品以外的物品入库。

凭证 15-4

1200174130　　**天津增值税专用发票**　　№ 02844377

1200174130

02844377

开票日期：2022年01月13日

购买方	名　　称：天津吉大卢卡设备有限公司 纳税人识别号：911201160002635800 地 址、电 话：天津市滨海新区中心路14号 022-88786699 开户行及账号：工商银行滨海支行 0300200888898	密码区	435-8-880/-8647/->49*<618<33 6>/34205/4140>2*3-0+672<7* 5+-<<076641+41+>*>07591234 125490<42+*31/58>>33

货物或应税劳务、服务名称	规格型号	单位	数量	单价	金额	税率	税额
*运输服务*公路运输		公里	400	5.00	2 000.00	9%	180.00
合　　计					¥2 000.00		¥180.00
价税合计（大写）	⊗贰仟壹佰捌拾圆整				（小写）¥2 180.00		

销售方	名　　称：天津五洲运输有限公司 纳税人识别号：91120147895733121T 地 址、电 话：天津市东丽区民主路131号 022-27651222 开户行及账号：中国工商银行东丽支行 030200054355	备注	北京-天津 电子配件

收款人：李平　　复核：　　开票人：姚华　　销售方：（章）

税总函〔2020〕216号北京东港安全印刷有限公司

第三联：发票联　购买方记账凭证

凭证 15-5

1200174130　　**天津增值税专用发票**　　№ 02844377

12000174130

02844377

开票日期：2022年01月13日

购买方	名　　称：天津吉大卢卡设备有限公司 纳税人识别号：911201160002635800 地 址、电 话：天津市滨海新区中心路14号 022-88786699 开户行及账号：工商银行滨海支行 0300200888898	密码区	435-8-880/-8647/->49*<618<33 6>/34205/4140>2*3-0+672<7* 5+-<<076641+41+>*>07591234 125490<42+*31/58>>33

货物或应税劳务、服务名称	规格型号	单位	数量	单价	金额	税率	税额
*运输服务*公路运输		公里	400	5.00	2 000.00	9%	180.00
合　　计					¥2 000.00		¥180.00
价税合计（大写）	⊗贰仟壹佰捌拾圆整				（小写）¥2 180.00		

销售方	名　　称：天津五洲运输有限公司 纳税人识别号：91120147895733121T 地 址、电 话：天津市东丽区民主路131号 022-27651222 开户行及账号：中国工商银行东丽支行 030200054355	备注	北京-天津 电子配件

收款人：李平　　复核：　　开票人：姚华　　销售方：（章）

税总函〔2020〕216号北京东港安全印刷有限公司

第二联：抵扣联　购货方扣税凭证

【业务 16】 13 日，缴纳企业上月各项税费，并代缴个人所得税，如凭证 16-1 至凭证 16-4 所示。

凭证 16-1

中国工商银行天津市滨海支行　电子缴税付款凭证

转账日期：20220113　　凭证字号：21989125

纳税人全称及纳税人识别号：　911201160002635800
付款人全称：天津吉大卢卡设备有限公司
付款人账号：0300200888898　　征收机关名称：天津市滨海新区税务局
付款人开户银行：中国工商银行天津市滨海支行　收款国库（银行）名称：国家金库天津市滨海支库
小写（合计）　金额：¥58 200.00　　缴款书交易流水号：10098978
大写（合计）　金额：人民币伍万捌仟贰佰元整　　税票号码：20908978565

税种名称	所属时间	实缴金额
增值税	20211201—20211231	58 200.00

（印章：中国工商银行股份有限公司天津滨海支行 20220113 业务专用章 (01)）

第二联　作付款回单（无银行收讫章无效）　复核　记账

凭证 16-2

中国工商银行天津市滨海支行　电子缴税付款凭证

转账日期：20220113　　凭证字号：21989126

纳税人全称及纳税人识别号：　911201160002635800
付款人全称：天津吉大卢卡设备有限公司
付款人账号：0300200888898　　征收机关名称：天津市滨海新区税务局
付款人开户银行：中国工商银行天津市滨海支行　收款国库（银行）名称：国家金库天津市滨海支库
小写（合计）　金额：　¥6 984.00　　缴款书交易流水号：10098979
大写（合计）　金额：　人民币陆仟玖佰捌拾肆元整　　税票号码：20908978566

税种名称	所属时间	实缴金额
城市维护建设税	20211201—20211231	4 074.00
教育费附加	20211201—20211231	1 746.00
地方教育费附加	20211201—20211231	1 164.00

（印章：中国工商银行股份有限公司天津滨海支行 20220113 业务专用章 (01)）

第二联　作付款回单（无银行收讫章无效）　复核　记账

凭证 16-3

中国工商银行天津市滨海支行 电子缴税付款凭证

转账日期： 20220113　　凭证字号：21989132

纳税人全称及纳税人识别号： 911201160002635800

付款人全称：天津吉大卢卡设备有限公司

付款人账号：0300200888898　　征收机关名称：天津市滨海新区税务局

付款人开户银行：中国工商银行天津市滨海支行　　收款国库（银行）名称：国家金库天津市滨海支库

小写（合计） 金额： ¥21 000.00　　缴款书交易流水号：10098980

大写（合计） 金额： 人民币贰万壹仟元整　　税票号码：20908978565

税种名称	所属时间	实缴金额
企业所得税	20211001—20211231	21 000.00

中国工商银行股份有限公司天津 滨海支行 20220113 业务专用章 (01)

第二联 作付款回单（无银行收讫章无效）　　复核　　记账

凭证 16-4

中国工商银行天津市滨海支行 电子缴税付款凭证

转账日期： 20220113　　凭证字号：21989130

纳税人全称及纳税人识别号： 911201160002635800

付款人全称： 天津吉大卢卡设备有限公司

付款人账号： 0300200888898　　征收机关名称：天津市滨海新区税务局

付款人开户银行：中国工商银行天津市滨海支行　　收款国库（银行）名称：国家金库天津市滨海支库

小写（合计） 金额：¥7 200.00　　缴款书交易流水号：10098980

大写（合计） 金额：人民币柒仟贰佰元整　　税票号码：20908978565

税种名称	所属时间	实缴金额
个人所得税	20211201—20211231	7 200.00

中国工商银行股份有限公司天津 滨海支行 20220113 业务专用章 (01)

第二联 作付款回单（无银行收讫章无效）　　复核　　记账

注：个人所得税的税款所属时间 20211201—20211231，是指工资薪金实际发放时间，本公司 2021 年 12 月份发放的是职工 2021 年 11 月份的工资薪金。

【业务17】　13日，销售产品，产品出库单在后期汇总处理，如凭证17-1和凭证17-2所示。

凭证17-1

购销合同

合同编号：XS202211301

供方：天津吉大卢卡设备有限公司

需方：北京万达电器商贸有限公司

为保护买卖双方的合法权益，买卖双方根据《中华人民共和国合同法》的有关规定，经友好协商，一致同意签订本合同并共同遵守：

1.货物名称、型号、数量、价格、合同总额

序号	货物名称	规格型号	单位	数量	单价（不含税）	金额（不含税）	税率	价税合计
1	GH8000多功能烤箱		台	40	5 000.00	200 000.00	13%	226 000.00
2	WH01集成烤箱		台	20	8 000.00	160 000.00	13%	180 800.00
合计						¥360 000.00		¥406 800.00

2.合同总金额：人民币肆拾万陆仟捌佰元整（¥406 800.00）。

3.收款方式：货物验收日起30天内支付全部货款。

4.发货时间：卖方于当日发出全部商品。

5.交货地点：北京市海淀区中关村7号。

6.任何一方均不得修改本合同，如有修改须另行达成书面协议，否则本合同自动失效。

7.其他：本合同一式贰份，供需双方各执壹份。本合同自双方签字盖章后生效，至本合同全部条款执行完毕后失效。

供　方：天津吉大卢卡设备有限公司	需　方：北京万达电器商贸有限公司
电　话：022-88786688	电　话：010-87392671
授权代表：李峰	授权代表：廖婷
签订时间：2022年1月13日	签订时间：2022年1月13日

凭证17-2

1200174130　　**天津增值税专用发票**　　No 66381823　　1200174130　66381823

此联不作报销、扣税凭证使用

开票日期：2022年01月13日

购买方	
名　　称：	北京万达电器商贸有限公司
纳税人识别号：	911101130200078000
地址、电话：	北京市海淀区中关村7号 010-87392671
开户行及账号：	中国工商银行北京市海淀支行0302700000030128794

密码区：
12172312-4-275>1+46*54*1346
145<181321-5-8182*59*09618
8<4<3*2702-9>9*+153-/01234
1283*08/4-/*152-3*0/9/<<-*25351

货物或应税劳务、服务名称	规格型号	单位	数量	单价	金额	税率	税额
*家用电热烘烤家具*GH8000多功能烤箱		台	40	5 000.00	200 000.00	13%	26 000.00
*家用电热烘烤家具*WH01集成烤箱		台	20	8 000.00	160 000.00	13%	20 800.00
合　计					¥360 000.00		¥46 800.00
价税合计（大写）	⊗肆拾万陆仟捌佰圆整				（小写）¥406 800.00		

销售方		备注
名　　称：	天津吉大卢卡设备有限公司	合同编号：XS202211301
纳税人识别号：	911201160002635800	
地址、电话：	天津市滨海新区中心路14号 022-88786688	
开户行及账号：	中国工商银行天津市滨海支行0300200888898	

收款人：赵强　　复核：王明　　开票人：李雪　　销售方：（章）

国税函（2020）113号北京安保印务承印

第一联：记账联　销售方记账凭证

【业务 18】 13 日，员工预支差旅费，如凭证 18-1 和凭证 18-2 所示。

凭证 18-1

公司费用请款单

2022年1月13日

<table>
<tr><td>请款人</td><td colspan="2">罗芳</td><td>请款部门</td><td colspan="4">采购部</td><td rowspan="7">领款人签字确认</td></tr>
<tr><td>收款单位</td><td colspan="2">罗芳</td><td>支付用途</td><td colspan="4">出差借款</td></tr>
<tr><td>使用项目</td><td colspan="2"></td><td>合同编号</td><td colspan="4"></td></tr>
<tr><td>支付类型</td><td colspan="7">到期付款：　预付货款：　往来款：　借款：√</td></tr>
<tr><td>支付金额</td><td colspan="7">大写：人民币捌仟元整　小写：¥8 000.00</td></tr>
<tr><td>支付方式</td><td colspan="7">现金：√　转账支票：　电汇：　其他：</td></tr>
<tr><td>收回票据</td><td colspan="7">增票：　普票：　专用收据：　其他：√</td></tr>
<tr><td>请款部门负责人签字</td><td>罗芳
2022年1月13日</td><td>往来会计签字</td><td>赵强
2022年1月13日</td><td>财务签字</td><td>王明
2022年1月13日</td><td>总经理签字</td><td>李峰
2022年1月13日</td><td>罗芳</td></tr>
</table>

凭证 18-2

借　支　单

2022年1月13日　　第 0101 号

<table>
<tr><td>姓名</td><td>罗芳</td><td>所属部门</td><td>采购部</td><td>借支事由</td><td colspan="8">出差调研</td></tr>
<tr><td rowspan="2">人民币　（大写）</td><td rowspan="2" colspan="4">捌仟元整</td><td>十</td><td>万</td><td>千</td><td>百</td><td>十</td><td>元</td><td>角</td><td>分</td></tr>
<tr><td></td><td>¥</td><td>8</td><td>0</td><td>0</td><td>0</td><td>0</td><td>0</td></tr>
<tr><td colspan="3">同意借支。
李峰
2022年1月13日</td><td colspan="10">现金　√　现金付讫</td></tr>
<tr><td>主管：</td><td>罗芳</td><td>财务负责人</td><td colspan="2">王明</td><td colspan="4">收款人</td><td colspan="4">罗芳</td></tr>
</table>

【业务 19】 13 日，预收货款，如凭证 19-1 和凭证 19-2 所示。

凭证 19-1

购 销 合 同

合同编号:XS202211302

供方：天津吉大卢卡设备有限公司

需方：山西电器设备有限公司

为保护买卖双方的合法权益，买卖双方根据《中华人民共和国合同法》的有关规定，经友好协商，一致同意签订本合同并共同遵守：

1.货物名称、型号、数量、价格、合同总额

序号	货物名称	规格型号	单位	数量	单 价（不含税）	金额（不含税）	税率	价税合计
1	GH8000多功能烤箱		台	50	5 000.00	250 000.00	13%	282 500.00
2	WH01集成烤箱		台	40	8 000.00	320 000.00	13%	361 600.00
合 计						¥570 000.00		¥644 100.00

2.合同总金额：人民币陆拾肆万肆仟壹佰元整(¥644 100.00)。

3.收款方式：合同签订日首次支付30%(¥193 230.00)，货到后10天内付齐余款(¥450 870.00)。

4.发货时间：卖方于定金收讫日20日内发出全部商品。

5.交货地点：货物自提。

6.任何一方均不得修改本合同，如有修改须另行达成书面协议，否则本合同自动失效。

7.其他：本合同一式贰份，供需双方各执壹份。本合同自双方签字盖章后生效，至本合同全部条款执行完毕后失效。

供 方：天津吉大卢卡设备有限公司　　需 方：山西电器设备有限公司

电 话：022-88786688　　电 话：0351-7778885

授权代表：李峰　　授权代表：王新华

签订时间：2022年1月13日　　签订时间：2022年1月13日

（印章：天津吉大卢卡设备有限公司 合同专用章）（印章：山西电器设备有限公司 合同专用章）

凭证 19-2

ICBC 中国工商银行

业务回单（收款）

入账时间：2022-01-13　　回单编号：1416790006

付款人户名：山西电器设备有限公司

付款人账号：0302000000123456789

付款人开户行（发报行）：中国工商银行山西太原迎宾支行

收款人户名：天津吉大卢卡设备有限公司

收款人账号：0300200888898

收款人开户行（发报行）：中国工商银行天津市滨海支行

币种：人民币 金额（小写）¥193 230.00

金额（大写） 人民币：壹拾玖万叁仟贰佰叁拾元整

凭证种类：0 凭证号码：49342

业务（产品）种类： 网银支付　　摘要：定金 网上银行

交易机构号：000899000231　记账柜员号：121007　交易代码：0537811　用途：

附言： 货款

支付交易序号：3420012　报文种类：CWT100　委托日期：2022-01-13

业务种类：

打印次数：1次机打回单 注意重复 打印日期：2022-01-13 打印柜员：000123 验证码：5784CA0061

（印章：中国工商银行股份有限公司天津滨海支行 20220113 业务专用章 (01)）

【业务 20】 14 日，收到上月货款，将支票送存银行，并填制进账单，如凭证 20-1 和凭证 20-2 所示。

凭证 20-1

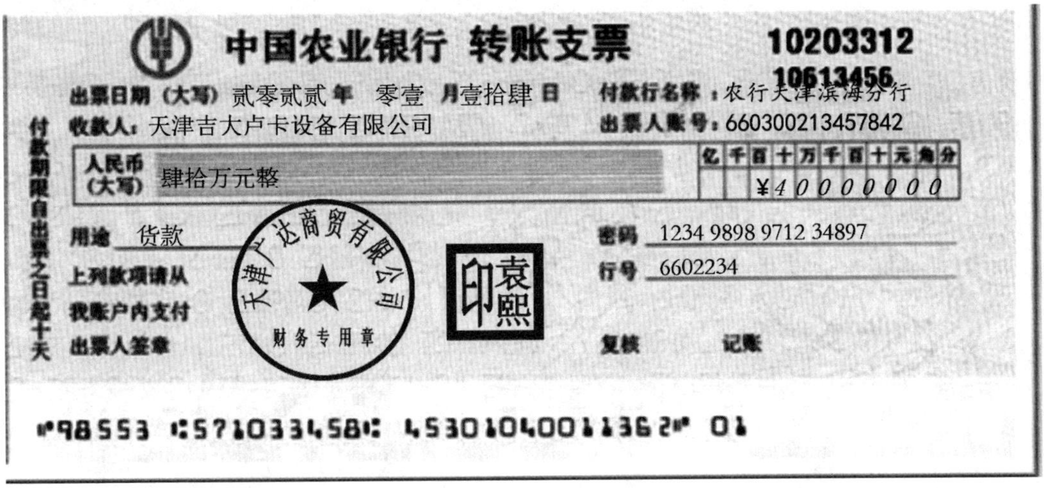

中国农业银行 转账支票　10203312 10613456

出票日期（大写）贰零贰贰 年 零壹 月壹拾肆 日　付款行名称：农行天津滨海分行

收款人：天津吉大卢卡设备有限公司　出票人账号：660300213457842

付款期限自出票之日起十天

人民币（大写）肆拾万元整　亿 千 百 十 万 千 百 十 元 角 分　¥40000000

用途 货款　密码 1234 9898 9712 34897

上列款项请从　行号 6602234

我账户内支付

出票人签章　天津广达商贸有限公司 财务专用章　袁熙印　复核　记账

⑈98553 ⑆571033458⑆ 4530104001136 2⑈ 01

凭证 20-2

ICBC 中国工商银行　进账单（收账通知）3

年　月　日

出票人	全　称		收款人	全　称	
	账　号			账　号	
	开户银行			开户银行	
金额	人民币（大写）				亿 千 百 十 万 千 百 十 元 角 分
票据种类		票据张数			
票据号码					
复核　记账			收款人开户银行签章		

2012年 175×85mm

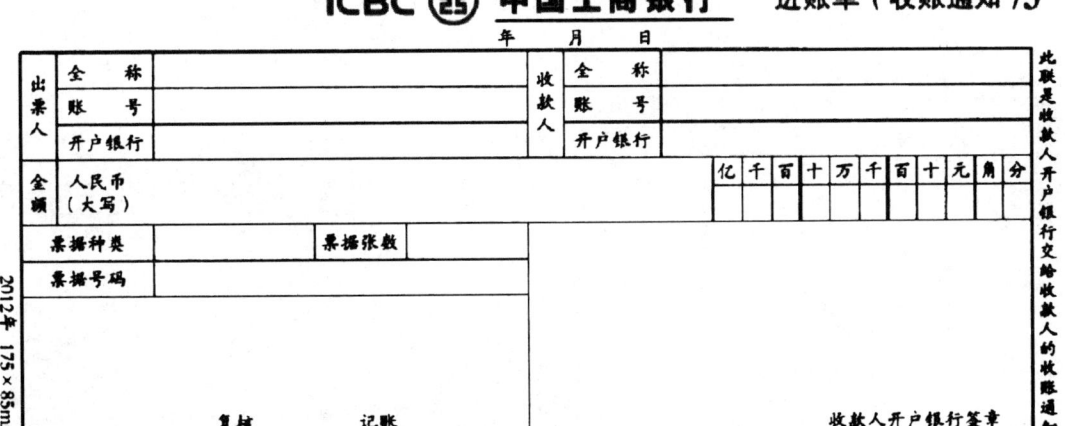

此联是收款人开户银行交给收款人的收账通知

【业务 21】 14 日，办理银行汇票，如凭证 21-1 至凭证 21-3 所示。

凭证 21-1

公司费用请款单

2022年1月14日

请款人	王颖		请款部门	采购部			领款人签字确认
收款单位	北京光华电子设备有限公司		支付用途	支付货款			
使用项目			合同编号				
支付类型	到期付款： 预付货款： 往来款： 借款：						
支付金额	大写：叁拾万元整 小写：¥300 000.00						
支付方式	现金： 转账支票： 电汇： 其他：银行汇票						
收回票据	增票： 普票： 专用收据： 其他：						
请款部门负责人签字	罗芳 2022年1月14日	往来会计签字	年 月 日	财务签字	王明 2022年1月14日	总经理签字 李峰 2022年1月14日	王颖

凭证 21-2

银行汇（本）票申请书

№0024360

币别：人民币 2022 年 01 月 14 日 流水号：

业务类型	☑银行汇票 □银行本票	付款方式	☑转账 □现金
申请人	天津吉大卢卡设备有限公司	收款人	北京光华电子设备有限公司
账号	0300200888898	账号	
用途	货款	代理付款行	
金额	（大写）叁拾万元整	亿 千 百 十 万 千 百 十 元 角 分	¥ 3 0 0 0 0 0 0 0
客户签章		支付密码： 中国工商银行股份有限公司天津滨海支行 2022.01.14 受理凭证专用章 付款业务(01)	

会计主管 授权 复核 录入

第二联 客户回单

凭证 21-3

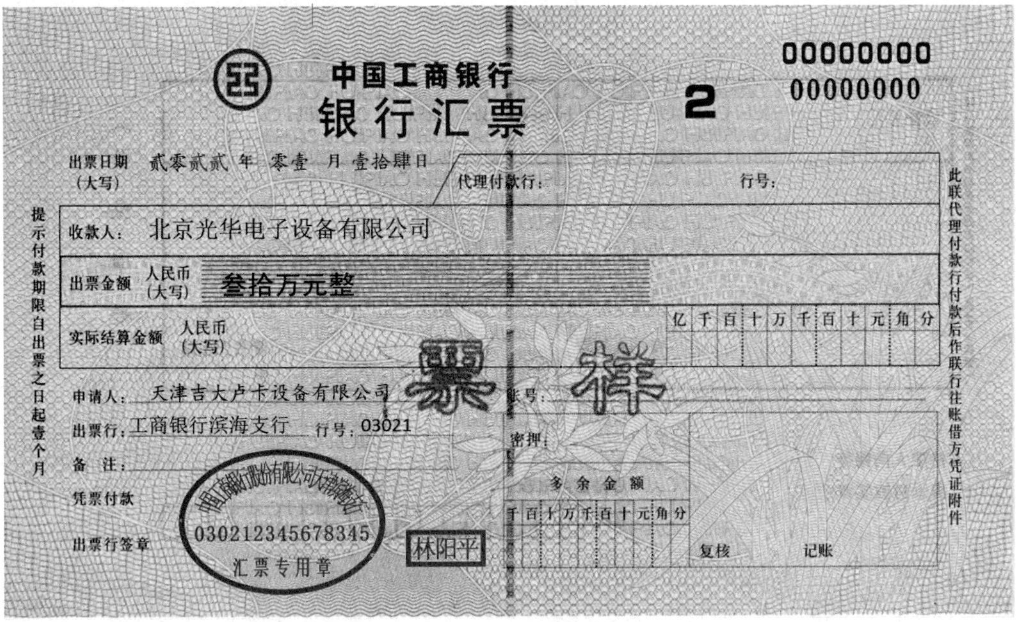
中国工商银行
银行汇票　2　00000000 00000000

出票日期（大写）贰零贰贰 年 零壹 月 壹拾肆日　代理付款行：　行号：

提示付款期限自出票之日起壹个月

收款人：北京光华电子设备有限公司

出票金额 人民币（大写）叁拾万元整

实际结算金额 人民币（大写）　亿 千 百 十 万 千 百 十 元 角 分

申请人：天津吉大卢卡设备有限公司　账号：

出票行：工商银行滨海支行　行号：03021

备注：　密押：

凭票付款　多余金额 千 百 十 万 千 百 十 元 角 分

出票行签章　030212345678345 汇票专用章　林阳平　复核　记账

票样

此联代理付款行付款后作联行往账借方凭证附件

【业务 22】 17 日，收到银行承兑汇票，票据存入保险箱，复印件附在记账凭证后，如凭证 22-1 和凭证 22-2 所示。

凭证 22-1

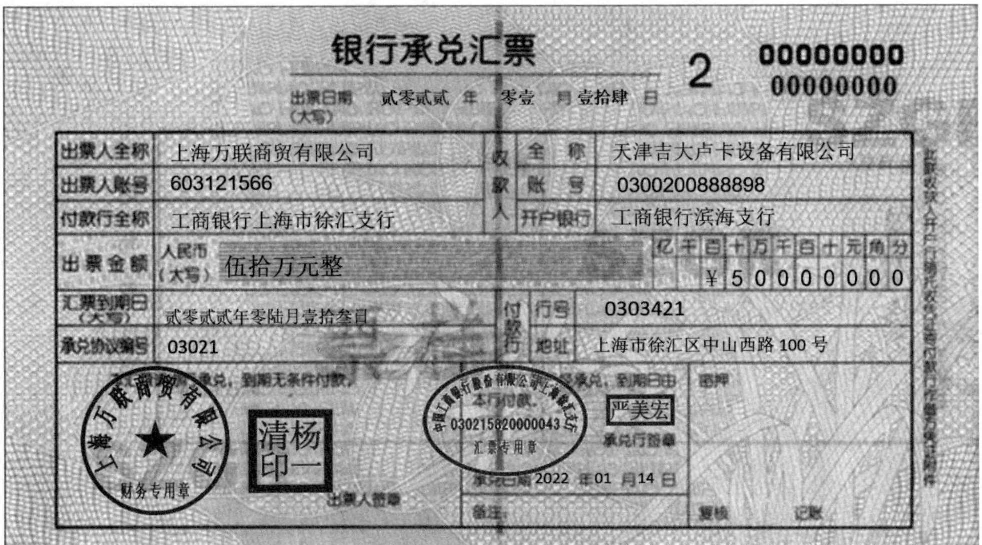
银行承兑汇票　2　00000000 00000000

出票日期（大写）贰零贰贰 年 零壹 月 壹拾肆 日

出票人全称	上海万联商贸有限公司	收款人	全　称	天津吉大卢卡设备有限公司
出票人账号	603121566		账　号	0300200888898
付款行全称	工商银行上海市徐汇支行		开户银行	工商银行滨海支行
出票金额	人民币（大写）伍拾万元整		亿千百十万千百十元角分	¥50000000
汇票到期日（大写）	贰零贰贰年零陆月壹拾叁日	付款行	行号	0303421
承兑协议编号	03021		地址	上海市徐汇区中山西路 100 号

本汇票请你行承兑，到期无条件付款。　上海万联商贸有限公司 财务专用章　清杨印一　出票人签章

本汇票已经承兑，到期日由本行付款。　030215820000043 汇票专用章　严美宏　承兑行签章　承兑日期 2022 年 01 月 14 日　备注：　密押　复核　记账

此联收款人开户行随托收凭证寄付款行作借方凭证附件

凭证 22-2

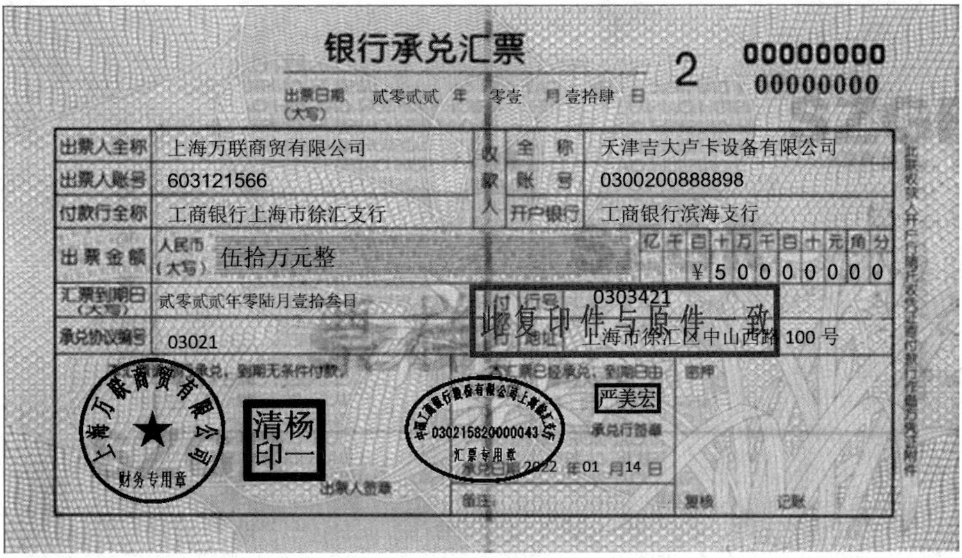

银行承兑汇票 2 00000000 00000000

出票日期（大写） 贰零贰贰 年 零壹 月 壹拾肆 日

出票人全称	上海万联商贸有限公司	收款人	全称	天津吉大卢卡设备有限公司
出票人账号	603121566		账号	0300200888898
付款行全称	工商银行上海市徐汇支行		开户银行	工商银行滨海支行
出票金额	人民币（大写） 伍拾万元整		亿千百十万千百十元角分	¥ 5 0 0 0 0 0 0 0
汇票到期日（大写）	贰零贰贰年零陆月壹拾叁日	付款行	行号	0303421
承兑协议编号	03021		地址	上海市徐汇区中山西路 100 号

本汇票请你行承兑，到期无条件付款。 出票人签章

本汇票已经承兑，到期日由本行付款。 承兑行签章 承兑日期 2022 年 01 月 14 日

备注： 密押 复核 记账

此复印件与原件一致

【业务 23】 17 日，销售给客户产品配件材料，出库单在后期汇总处理，如凭证 23-1 和凭证 23-2 所示。

凭证 23-1

购 销 合 同

合同编号:XS202211701

供方：天津吉大卢卡设备有限公司

需方：上海万联商贸有限公司

为保护买卖双方的合法权益，买卖双方根据《中华人民共和国合同法》的有关规定，经友好协商，一致同意签订本合同并共同遵守：

1. 货物名称、型号、数量、价格、合同总额

序号	货物名称	规格型号	单位	数量	单 价（不含税）	金额（不含税）	税率	价税合计
1	WK电子配件		只	10	240.00	2 400.00	13%	2 712.00
2								
合 计						¥2 400.00		¥ 2 712.00

2. 合同总金额：人民币贰仟柒佰壹拾贰元整(¥2 712.00)。
3. 收款方式：合同签订日起30日内付清全款。
4. 发货时间：卖方于当日发出全部商品。
5. 交货地点：货物自提。
6. 任何一方均不得修改本合同，如有修改须另行达成书面协议，否则本合同自动失效。
7. 其他:本合同一式贰份，供需双方各执壹份。本合同自双方签字盖章后生效，至本合同全部条款执行完毕后失效。

供 方：天津吉大卢卡设备有限公司
电 话：022-88786688
授权代表：李峰
签订时间：2022年1月17日

需 方：上海万联商贸有限公司
电 话：010-58724343
授权代表：孔伟
签订时间：2022年1月17日

凭证 23-2

1200174130

天津增值税专用发票

此联不作报销、扣税凭证使用

№ 66381824

1200174130

66381824

开票日期：2022年01月17日

购买方	名 称：上海万联商贸有限公司 纳税人识别号：911310104954602807 地 址、电 话：上海市中山西路120号 010-58724343 开户行及账号：工商银行上海市徐汇支行603121566				密码区	12172312-4-275>1+46*54*1346 145<181321-5-8182*59*09618 8<4<3*2702-9>9*+153-/01234 1283*08/4-/*152-3*0/9/<<-*25351		
货物或应税劳务、服务名称	规格型号	单位	数量	单价	金额	税率	税额	
*家用电器配件*WK电子配件		只	10	240.00	2 400.00	13%	312.00	
合 计					¥2 400.00		¥312.00	
价税合计（大写）	⊗贰仟柒佰壹拾贰圆整				（小写）¥2 712.00			
销售方	名 称：天津吉大卢卡设备有限公司 纳税人识别号：911201160002635800 地 址、电 话：天津市滨海新区中心路14号 022-88786688 开户行及账号：中国工商银行天津市滨海支行0300200888898				备注	合同编号：XS202211701		

收款人：赵强 复核：王明 开票人：李雪 销售方：（章）

第一联：记账联 销售方记账凭证

国税函（2020）113号北京安保印务承印

【业务 24】 18 日，捐款，如凭证 24-1 至凭证 24-3 所示。

凭证 24-1

公司费用请款单

2022年1月18日

请款人	杨贵		请款部门	办公室			领款人签字确认
收款单位	天津市红十字会		支付用途	捐赠			
用途/项目	救灾支出		合同编号				
支付类型	到期付款：√ 预付货款： 往来款： 借款：						
支付金额	大写：贰拾万元整 小写：¥200 000.00						
支付方式	现金： 转账支票：√ 电汇： 其他：						
收回票据	增票： 普票： 专用收据： 其他：√						
请款部门负责人签字	李峰 2022年1月18日	往来会计签字	年 月 日	财务签字	王明 2022年1月18日	总经理签字 李峰 2022年1月18日	杨贵

凭证 24-2

公益事业捐赠统一票据

UNIFIED INVOICE OF DONATION FOR PUBLIC WELFARE

（印章：天津市财政局监制）

捐赠人：天津吉大卢卡设备有限公司　　2022 年 月 18 日　　№ 10218438

Donor　　　　　　　　　　　　　　　　　　Y　M　D

捐赠项目 For purpose	实物（外币）种类 Material objects(Currency)	数量 Amount	金额 Total amount 千	百	十	万	千	百	十	元	角	分
救灾	人民币				2	0	0	0	0	0	0	0
金额合计（小写）In Figures				¥	2	0	0	0	0	0	0	0
金额合计（大写）In words	⊗仟⊗佰贰拾零万零仟零佰零拾零元零角零分											

第二联　收据

接受单位（盖章）：财务专用章　（印章：天津市红十字会）　复核人：　　开票人：严蕊

Receiver's Seal　　Verfiied by　　Handling Person

感谢您对公益事业的支持！Thank you for support of public welfare!

凭证 24-3

中国工商银行
转账支票存根
10203310
10613653

附加信息

出票日期 2022年 01月 18日

收款人：
天津市红十字会

金　额：¥200 000.00

用　途：捐款

单位主管　　会计 赵强

浙江港印务印刷有限公司·2013年印制

【业务 25】 20 日，支付广告费，如凭证 25-1 至凭证 25-3 所示。（注：增值税普通发票没有抵扣联，所列的税款不可抵扣）

凭证 25-1

公司费用请款单

2022年1月20日

请款人	谢玄		请款部门	销售部		领款人签字确认
收款单位	天津连城广告公司		支付用途	支付广告费		
使用项目			合同编号			
支付类型	到期付款：√　预付货款：　往来款：　借款：					
支付金额	大写：人民币陆仟元整　小写：¥6 000.00					
支付方式	现金：　转账支票：√　电汇：　其他：					
收回票据	增票：　普票：√　专用收据：　其他：					
请款部门负责人签字	林卿 2022年1月20日	往来会计签字	年 月 日	财务签字	赵强 2022年1月20日	总经理签字：李峰 2022年1月20日 / 谢玄

凭证 25-2

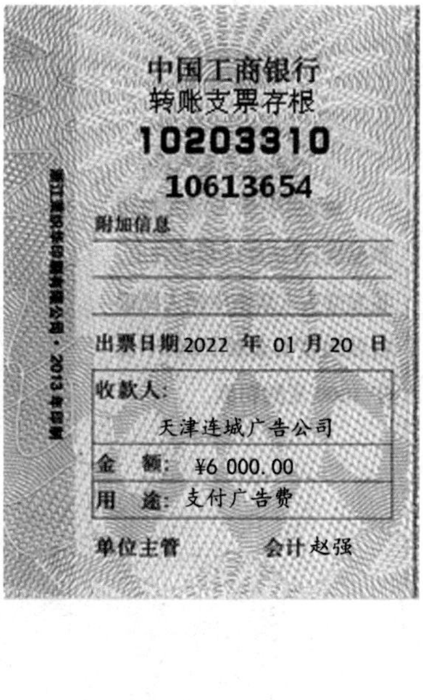
中国工商银行
转账支票存根
10203310
10613654
附加信息
出票日期 2022 年 01 月 20 日
收款人：天津连城广告公司
金　额：¥6 000.00
用　途：支付广告费
单位主管　会计 赵强

凭证 25-3

天津增值税普通发票

1200172320　　　　　　　　　　　　　　　№ 00814911

校验码 12843 10939 87698 34727　　　　发票联　　　　1200172320

00814911

开票日期：2022 年 01 月 20 日

税总函（2019）299 号北京东港安全印制有限公司

购买方	名　　称：天津吉大卢卡设备有限公司 纳税人识别号：911201160002635800 地 址、电 话：天津市滨海新区中心路 14 号 022-88786699 开户行及账号：工商银行滨海支行 0300200888898				密码区	038915/-8647/->49*<618<33 6>/120054140>2*3-0+672<7* 5+-<<41+41+>*>07591234 125490<42+*31/58>>34+		
货物或应税劳务、服务名称	规格型号	单位	数量	单价	金额	税率	税额	
*广告发布服务*互联网广告发布服务					5 825.24	3%	174.76	
合　　计					¥5 825.24		¥174.76	
价税合计（大写）	⊗陆仟圆整				（小写）¥6 000.00			
销售方	名　　称：天津连城广告公司 纳税人识别号：911120140370234657 地 址、电 话：天津市滨海新区南海路 19 号 022-25754312 开户行及账号：中国工商银行天津市芙蓉支行 030200041234				备注	天津连城广告公司 911120140370234657 发票专用章		

收款人：　　　　复核：　　　　开票人：牛大力　　　　销售方：（章）

第二联：发票联　购买方记账凭证

【业务 26】 25 日，支付车间设备修理费，如凭证 26-1 至凭证 26-4 所示。

凭证 26-1

公司费用请款单

2022年1月25日

请款人	马方			请款部门	生产部			领款人签字确认
收款单位	天津市华源设备修理有限公司			支付用途	支付修理费			
使用项目				合同编号				
支付类型	到期付款：√　预付货款：　往来款：　借款：							
支付金额	大写：人民币贰仟贰佰陆拾元整　　小写：¥2 260.00							
支付方式	现金：　转账支票：√　电汇：　其他：							
收回票据	增票：√　普票：　专用收据：　其他：							
请款部门负责人签字	张亮 2022年1月25日	往来会计签字	年 月 日	财务签字	赵强 2022年1月25日	总经理签字	李峰 2022年1月25日	马方

凭证 26-2

1200174130 **天津增值税专用发票** 抵扣联 №07591234

1200174130
07591234

开票日期：2022年01月25日

购买方	名称：天津吉大卢卡设备有限公司 纳税人识别号：911201160002635800 地址、电话：天津市滨海新区中心路14号02288786688 开户行及账号：工商银行滨海支行0300200888898			密码区	43/-5647/->32*<618<33 6>/0/433>2*3-0+672<7* 5+-<<41+41+>*>38*4567 543490<42+*31/58>>33		
货物或应税劳务、服务名称	规格型号	单位	数量	单价	金额	税率	税额
*修理修配劳务*设备修理费		项	1	2 000.00	2 000.00	13%	260.00
合计					¥2 000.00		¥260.00
价税合计（大写）	⊗贰仟贰佰陆拾圆整				（小写）¥2 260.00		
销售方	名称：天津市华源设备修理有限公司 纳税人识别号：911201434200024321 地址、电话：天津市滨海新区黄海路86号022-85721243 开户行及账号：中国农业银行滨海支行6210302000637			备注	天津市华源设备修理有限公司 911201434200024321 发票专用章		

收款人：刘立 复核： 开票人：梁华 销售方：（章）

税总函（2020）113号北京印钞有限公司

第二联：抵扣联 购买方扣税凭证

凭证 26-3

1200174130 **天津增值税专用发票** 发票联 №07591234

1200174130
07591234

开票日期：2022年01月25日

购买方	名称：天津吉大卢卡设备有限公司 纳税人识别号：911201160002635800 地址、电话：天津市滨海新区中心路14号02288786688 开户行及账号：工商银行滨海支行0300200888898			密码区	43/-5647/->32*<618<33 6>/0/433>2*3-0+672<7* 5+-<<41+41+>*>38*4567 543490<42+*31/58>>33		
货物或应税劳务、服务名称	规格型号	单位	数量	单价	金额	税率	税额
*修理修配劳务*设备修理费		项	1	2 000.00	2 000.00	13%	260.00
合计					¥2 000.00		¥260.00
价税合计（大写）	⊗贰仟贰佰陆拾圆整				（小写）¥2 260.00		
销售方	名称：天津市华源设备修理有限公司 纳税人识别号：911201434200024321 地址、电话：天津市滨海新区黄海路86号022-85721243 开户行及账号：中国农业银行滨海支行6210302000637			备注	天津市华源设备修理有限公司 911201434200024321 发票专用章		

收款人：刘立 复核： 开票人：梁华 销售方：（章）

税总函（2020）113号北京印钞有限公司

第三联：发票联 购买方记账凭证

凭证 26-4

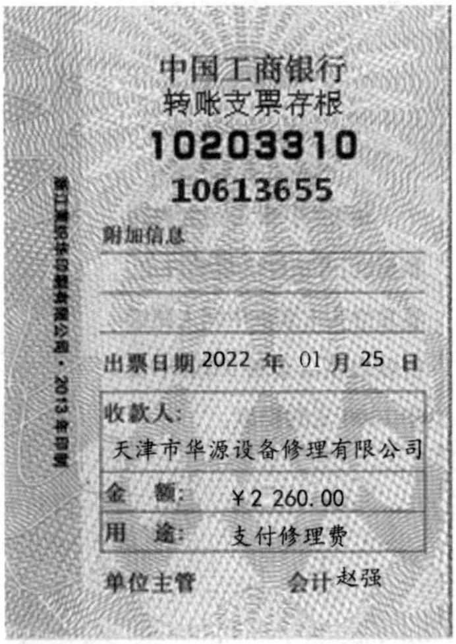

中国工商银行
转账支票存根
10203310
10613655
附加信息
出票日期 2022 年 01 月 25 日
收款人：天津市华源设备修理有限公司
金　额：￥2 260.00
用　途：支付修理费
单位主管　　会计 赵强

【业务 27】 28 日，采购部罗芳出差回来报销。伙食补贴每天 100 元，填制报销单，如凭证 27-1 至凭证 27-4 所示。

凭证 27-1

天津吉大卢卡设备有限公司**出差报销单**

2022 年 1 月 28 日

姓名	罗芳	工作部门	采购部	出差日期	1 月 23 日-1 月 26 日
出差事由	外出联系工作	出差地点	广州	往返天数	4 天
发生费用	交通费	住宿费	伙食补贴	其他	合计
合计					
	人民币（大写）				
预借金额		应退金额		应补金额	

批准人：李峰　　　审核人：王明　　　部门主管：罗芳　　　出差人：罗芳

凭证 27-2

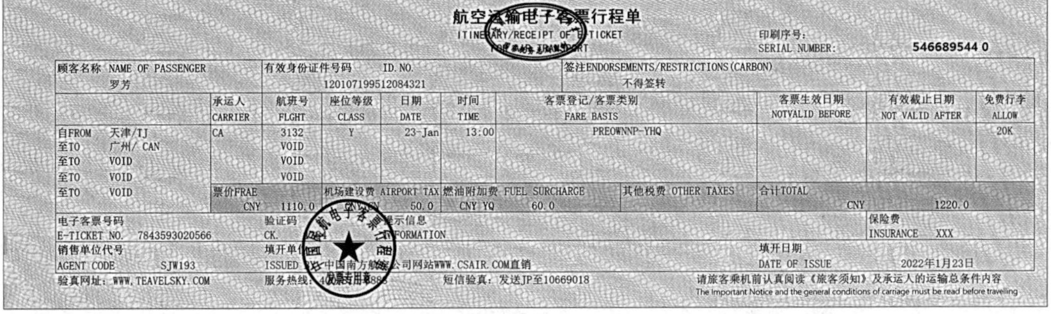

航空运输电子客票行程单
ITINERARY/RECEIPT OF E-TICKET FOR AIR TRANSPORT
印刷序号：SERIAL NUMBER: 546689544 0

顾客名称 NAME OF PASSENGER 罗芳		有效身份证件号码 ID. NO. 120107199512084321				签注ENDORSEMENTS/RESTRICTIONS (CARBON) 不得签转			
	承运人 CARRIER	航班号 FLGHT	座位等级 CLASS	日期 DATE	时间 TIME	客票登记/客票类别 FARE BASIS	客票生效日期 NOTVALID BEFORE	有效截止日期 NOT VALID AFTER	免费行李 ALLOW
自FROM 天津/TJ	CA	3132	Y	23-Jan	13:00	PREOWNNP-YHQ			20K
至TO 广州/ CAN		VOID							
至TO VOID		VOID							
至TO VOID		VOID							
至TO VOID	票价FRAE CNY 1110.0		机场建设费 AIRPORT TAX CNY CN 50.0		燃油附加费 FUEL SURCHARGE CNY YQ 60.0	其他税费 OTHER TAXES	合计TOTAL CNY 1220.0		
电子客票号码 E-TICKET NO. 7843593020566		验证码 CK.	提示信息 INFORMATION					保险费 INSURANCE XXX	
销售单位代号 AGENT CODE SJW193		填开单位 ISSUED BY 中国南方航空公司网站WWW.CSAIR.COM直销					填开日期 DATE OF ISSUE 2022年1月23日		

验真网址：WWW.TEAVELSKY.COM　服务热线：　短信验真：发送JP至10669018
请旅客乘机前认真阅读《旅客须知》及承运人的运输总条件内容
The Important Notice and the general conditions of carriage must be read before travelling

凭证 27-3

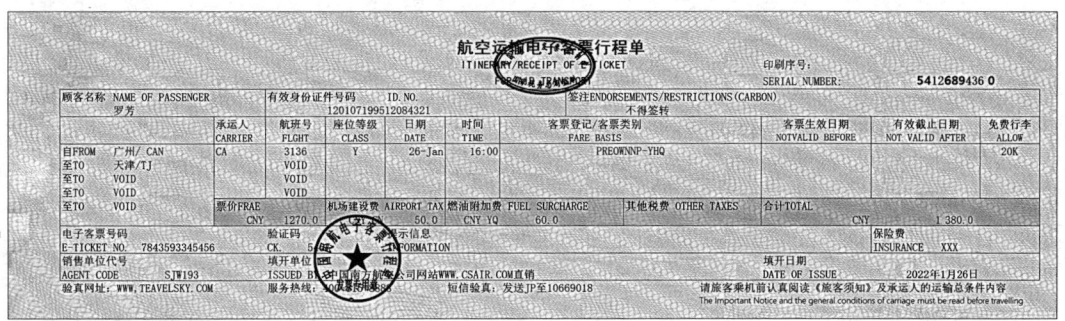

航空运输电子客票行程单
ITINERARY/RECEIPT OF E-TICKET
FOR AIR TRANSPORT

印刷序号：
SERIAL NUMBER: 5412689436 0

顾客名称 NAME OF PASSENGER	有效身份证件号码 ID. NO.	签注ENDORSEMENTS/RESTRICTIONS(CARBON)
罗芳	120107199512084321	不得签转

		承运人 CARRIER	航班号 FLGHT	座位等级 CLASS	日期 DATE	时间 TIME	客票登记/客票类别 FARE BASIS	客票生效日期 NOTVALID BEFORE	有效截止日期 NOT VALID AFTER	免费行李 ALLOW
自FROM	广州/ CAN	CA	3136	Y	26-Jan	16:00	PREOWNNP-YHQ			20K
至TO	天津/TJ		VOID							
至TO	VOID		VOID							
至TO	VOID		VOID							
至TO	VOID	票价FRAE CNY 1270.0		机场建设费 AIRPORT TAX CN 50.0		燃油附加费 FUEL SURCHARGE CNY YQ 60.0	其他税费 OTHER TAXES	合计TOTAL CNY 1 380.0		

电子客票号码 E-TICKET NO. 7843593345456　验证码 CK. 5　提示信息 INFORMATION　保险费 INSURANCE XXX

销售单位代号 AGENT CODE SJW193　填开单位 ISSUED BY 中国南方航空公司网站WWW.CSAIR.COM直销　填开日期 DATE OF ISSUE 2022年1月26日

验真网址：WWW,TEAVELSKY.COM　服务热线：　短信验真：发送JP至10669018　请旅客乘机前认真阅读《旅客须知》及承运人的运输总条件内容
The Important Notice and the general conditions of carriage must be read before travelling

凭证 27-4

2100171320

广州增值税普通发票

№ 03562432

2100171320
03562432

开票日期：2022 年 01 月 26 日

购买方	
名　　称	天津吉大卢卡设备有限公司
纳税人识别号	911201160002635800
地　址、电　话	天津市滨海新区中心路 14 号 022-88786699
开户行及账号	工商银行滨海支行 0300200888898

密码区：
037-8-880/-8647/->49*<618<33
6>/120054140>2*3-0+672<7*
5+-<<076641+41+>*>07591234
125490<42+*31/58>>33

货物或应税劳务、服务名称	规格型号	单位	数量	单价	金额	税率	税额
*餐饮住宿服务*住宿服务		天	3	384.00	1 118.45	3%	33.55
合　　计					¥1 118.45		¥33.55

价税合计（大写）⊗壹仟壹佰伍拾贰圆整　（小写）¥1 152.00

销售方	
名　　称	广州新都酒店
纳税人识别号	914401034204321568
地　址、电　话	广州市越秀区中山路 31 号 020-62121790
开户行及账号	中国工商银行越秀分行 030200012324

备注：校验码 43343 92163 42314 36827

收款人：王靓　复核：　开票人：杨亚妮　销售方：（章）

税总函（2020）216号珠江安全印刷有限公司

第二联：发票联　购买方记账凭证

【业务 28】 30 日，支付汽油费，如凭证 28-1 至凭证 28-3 所示。

凭证 28-1

公司费用请款单

2022年1月30日

请款人	杨贵	请款部门	综合管理部	领款人签字确认
收款单位	天津石油分公司	支付用途	支付汽油费	
使用项目		合同编号		
支付类型	到期付款：√ 预付货款： 往来款： 借款：			
支付金额	大写：叁仟伍佰元整 小写：¥3 500.00			
支付方式	现金：√ 转账支票： 电汇： 其他：			
收回票据	增票：√ 普票： 专用收据： 其他：			
请款部门负责人签字 李峰 2022年1月30日	往来会计签字 赵强 2022年1月30日	财务签字 赵强 2022年1月30日	总经理签字 李峰 2022年1月30日	杨贵

凭证 28-2

1200174130 **天津增值税专用发票** №00091436

（全国统一发票监制章 天津 国家税务总局）

1200174130
00091436

成品油 开票日期：2022 年 01 月 30 日

购买方	名　　称：天津吉大卢卡设备有限公司 纳税人识别号：911201160002635800 地 址、电 话：天津市滨海新区中心路 14 号 022-88786699 开户行及账号：工商银行滨海支行 0300200888898				密码区		
货物或应税劳务、服务名称	规格型号	单位	数 量	单 价	金 额	税 率	税 额
*石油制品*95 号汽油	95	升	420	7.3746	3 097.35	13%	402.65
合　　计		现金付讫			¥3 097.35		¥402.65
价税合计（大写）	⊗叁仟伍佰圆整				（小写）¥3 500.00		
销售方	名　　称：中国石化销售有限公司天津石油分公司 纳税人识别号：91120143427000249X 地 址、电 话：滨海西区洞庭路 1-6 号 022-25328866 开户行及账号：中国建设滨海分行 12008345355432				备注	中国石化销售有限公司天津石油分公司 91120143427000249X 发票专用章	

收款人：钱婷　　复核：　　开票人：安颖　　销售方：（章）

税总函（2020）113 号北京印钞有限公司

第三联：发票联 购买方记账凭证

凭证 28-3

1200174130　　**天津增值税专用发票**　　№ 00091436

抵扣联

1200174130
00091436

成品油　　　　开票日期：2022 年 01 月 30 日

购买方	名　　称：天津吉大卢卡设备有限公司 纳税人识别号：911201160002635800 地 址、电 话：天津市滨海新区中心路 14 号 02288786688 开户行及账号：工商银行滨海支行 0300200888898					密码区		
货物或应税劳务、服务名称	规格型号	单位	数 量	单 价	金 额	税率	税 额	
*石油制品*95 号汽油	95	升	420	7.3746	3 097.35	13%	402.65	
合　　计					¥3 097.35		¥402.65	
价税合计（大写）	⊗叁仟伍佰圆整				（小写）¥3 500.00			
销售方	名　　称：中国石化销售有限公司天津石油分公司 纳税人识别号：91120143427000249X 地 址、电 话：滨海西区洞庭路 1-6 号 022-25328866 开户行及账号：中国建设滨海分行 12008345355432					备注	中国石化销售有限公司天津石油分公司 91120143427000249X 发票专用章	

收款人：钱婷　　复核：　　开票人：安颖　　销售方：（章）

税总函（2020）113 号北京印钞有限公司

第二联：抵扣联　购买方扣税凭证

【业务 29】　30 日，支付本公司承担的运费，如凭证 29-1 至凭证 29-4 所示。

凭证 29-1

公司费用请款单

2022年1月30日

请款人	谢玄		请款部门	销售部				领款人签字确认
收款单位	天津五洲运输有限公司		支付用途	运费				
使用项目			合同编号	XS202211301				
支付类型	到期付款：√　预付货款：　往来款：　借款：							
支付金额	大写：贰仟伍佰元整　小写：¥2 500.00							
支付方式	现金：　转账支票：√　电汇：　其他：							
收回票据	增票：√　普票：　专用收据：　其他：							
请款部门负责人签字	林卿 2022 年 1 月 30 日	往来会计签字	年 月 日	财务签字	王明 2022 年 1 月 30 日	总经理签字	李峰 2022 年 1 月 30 日	李雪

凭证 29-2

中国工商银行
转账支票存根
10203310
10613656

附加信息

出票日期 2022 年 01 月 30 日

收款人：天津五洲运输有限公司

金　额：¥2 500.00

用　途：运费

单位主管　　会计 赵强

浙江鑫信达印刷有限公司·2013 年印制

凭证 29-3

1200174130　　**天津增值税专用发票**　　№ 02844377

发票联

1200174130
02844390

开票日期：2022 年 01 月 30 日

购买方	名　称：天津吉大卢卡设备有限公司 纳税人识别号：911201160002635800 地址、电话：天津市滨海新区中心路 14 号 022-88786699 开户行及账号：工商银行滨海支行 0300200888898				密码区	435-8-880/-8647/->49*<618<33 6>/34205/4140>2*3-0+672<7* 5+-<<076641+41+>*>07591234 125490<42+*31/58>>33	
货物或应税劳务、服务名称	规格型号	单位	数量	单价	金额	税率	税额
*运输服务*公路运输		公里	500	4.55	2 293.58	9%	206.42
合　计					¥2 293.58		¥206.42
价税合计（大写）	⊗贰仟伍佰圆整				（小写）¥2 500.00		
销售方	名　称：天津五洲运输有限公司 纳税人识别号：91120147895733121T 地址、电话：天津市东丽区民主路 131 号 022-27651222 开户行及账号：中国工商银行东丽支行 030200054355				备注	天津-上海 烤箱	

收款人：李平　　复核：　　开票人：姚华　　销售方：（章）

天津五洲运输有限公司 91120147895733121T 发票专用章

第三联：发票联　购买方记账凭证

税总函（2020）113 号北京东港安全印刷有限公司

凭证 29-4

天津增值税专用发票　№ 02844377

1200174130　　抵扣联

12000174130
02844390

开票日期：2022年01月30日

购买方	名　　称：天津吉大卢卡设备有限公司 纳税人识别号：911201160002635800 地 址、电 话：天津市滨海新区中心路14号 022-88786699 开户行及账号：工商银行滨海支行 0300200888898			密码区	435-8-880/-8647/->49*<618<33 6>/34205/4140>2*3-0+672<7* 5+-<<076641+41+>*>07591234 125490<42+*31/58>>33		
货物或应税劳务、服务名称	规格型号	单位	数量	单价	金额	税率	税额
*运输服务*公路运输		公里	500	4.55	2 293.58	9%	206.42
合　　计					¥2 293.58		¥206.42
价税合计（大写）	⊗贰仟伍佰圆整				（小写）¥2 500.00		
销售方	名　　称：天津五洲运输有限公司 纳税人识别号：91120147895733121T 地 址、电 话：天津市东丽区民主路131号 022-27651222 开户行及账号：中国工商银行东丽支行 030200054355			备注	天津-上海 烤箱		

收款人：李平　　复核：　　开票人：姚华　　销售方：（章）

税总函（2020）113号北京东港安全印刷有限公司

第二联：抵扣联　购买方扣税凭证

天津五洲运输有限公司　91120147895733121T　发票专用章

【业务 30】　31日，向山西电器设备有限公司发货，开具发票，产品出库单在后期汇总处理，如凭证30-1所示。

凭证 30-1

天津增值税专用发票　№ 66381825

1200174130　　此联不作报销、扣税凭证使用

1200174130
66381825

开票日期：2022年01月31日

购买方	名　　称：山西电器设备有限公司 纳税人识别号：911130029951234522 地 址、电 话：山西太原迎宾路1234号 0351-7778885 开户行及账号：中国工商银行山西太原迎宾支行0302000000123456789			密码区	12172312-4-275>1+46*54*1346 145<181321-5-8182*59*09618 8<4<3*2702-9>9*+153-/01234 1283*08/4-/*152-3*0/9/<<-*25351		
货物或应税劳务、服务名称	规格型号	单位	数量	单价	金额	税率	税额
*家用电热烘烤家具*GH8000多功能烤箱		台	50	5 000.00	250 000.00	13%	32 500.00
*家用电热烘烤家具*WH01集成烤箱		台	40	8 000.00	320 000.00	13%	41 600.00
合　　计					¥570 000.00		¥74 100.00
价税合计（大写）	⊗陆拾肆万肆仟壹佰圆整				（小写）¥644 100.00		
销售方	名　　称：天津吉大卢卡设备有限公司 纳税人识别号：911201160002635800 地 址、电 话：天津市滨海新区中心路14号 022-88786688 开户行及账号：中国工商银行天津市滨海支行0300200888898			备注	合同编号：XS202211301		

收款人：赵强　　复核：王明　　开票人：李雪　　销货方：（章）

国税函（2020）113号北京安保印务承印

第一联：记账联　销货方记账凭证

【业务31】 31 日，支付并分摊水费，如凭证 31-1 至凭证 31-4 所示。

凭证 31-1

托收凭证（付款通知）　　5

委托日期：2022年 01 月 31 日

业务类型	委托收款（□邮划、☑电划）			托收承付（□邮划、□电划）		
付款人	全称	天津吉大卢卡设备有限公司	收款人	全称	天津滨海市政有限公司	
	账号	0300200888898		账号	030200045321	
	地址	天津 省 市县　开户行 工商银行滨海支行		地址	天津 省 市县　开户行 工商银行滨海支行	
金额	人民币（大写）	陆仟柒佰玖拾捌元整			¥679800	
款项内容	水费	托收凭据名称	发票	附寄单证张数	2	
商品发运情况		合同名称号码				
备注： 复核 记账		款项收妥日期 年 月 日		收款人开户银行签章 年 月 日		

中国工商银行股份有限公司天津滨海支行 20220131 受理凭证专用章 付受业务（01）

此联付款人开户银行给付款人按期付款的通知

凭证 31-2

天津增值税专用发票

发票联

1200174130　　№ 05561523

1200174130

05561523

开票日期：2022 年 01 月 31 日

购买方	名　　称：天津吉大卢卡设备有限公司 纳税人识别号：91120116000263580O 地 址、电 话：天津市滨海新区中心路 14 号 022-88786699 开户行及账号：工商银行滨海支行 0300200888898	密码区	435-8-880/-8647/->49*<618<33 6>/34205/4140>2*3-0+672<7* 5+-<<076641+41+>*>07591234 12549 0<42+*31/58>>33

货物或应税劳务、服务名称	规格型号	单位	数量	单价	金额	税率	税额
*水*自来水		吨	1 000	6.60	6 600.00	3%	198.00
合　　计					¥6 600.00		¥198.00
价税合计（大写）	⊗陆仟柒佰玖拾捌圆整				（小写）¥6 798.00		

销售方	名　　称：天津滨海市政有限公司 纳税人识别号：91120116718242412T 地 址、电 话：滨海新区海滨路 10 号 020-25322882 开户行及账号：中国工商银行海滨支行 030200045321	备注	天津滨海市政有限公司 91120116718242412T 发票专用章

收款人：林毅　　复核：　　开票人：梁敏　　销售方：（章）

税总函（2020）113 号北京东港安全印制有限公司

第三联：发票联　购买方记账凭证

凭证 31-3

天津增值税专用发票

1200174130　　№ 05561523

抵扣联

12000174130
05561523
开票日期：2022 年 01 月 31 日

购买方	名　　称：天津吉大卢卡设备有限公司 纳税人识别号：911201160002635800 地 址、电 话：天津市滨海新区中心路 14 号 022-88786699 开户行及账号：工商银行滨海支行 0300200888898	密码区	435-8-880/-8647/->49*<618<33 6>/34205/4140>2*3-0+672<7* 5+-<<076641+41+>*>07591234 125490<42+*31/58>>33

货物或应税劳务、服务名称	规格型号	单位	数量	单价	金额	税率	税额
*水*自来水		吨	1 000	6.60	6 600.00	3%	198.00
合　　计					¥6 600.00		¥198.00
价税合计（大写）	⊗陆仟柒佰玖拾捌圆整				（小写）¥6 798.00		

销售方	名　　称：天津滨海市政有限公司 纳税人识别号：91120116718242412T 地 址、电 话：滨海新区海滨路 10 号 020-25322882 开户行及账号：中国工商银行海滨支行 030200045321	备注	

天津滨海市政有限公司 91120116718242412T 发票专用章

收款人：林毅　　复核：　　开票人：梁敏　　销售方：（章）

税总函（2020）113 号北京东港安全印刷有限公司

第二联：抵扣联　购货方扣税凭证

凭证 31-4

用水量记录

2022 年 1 月 31 日

用水部门	单价(元/立方米)	用水量(立方米)	分配费用(元)
生产车间	6.60	965	
销售部门	6.60	10	
管理部门	6.60	25	
合计		1 000	

记录员：马方

【业务 32】 31 日，支付并分摊电费，如凭证 32-1 至凭证 32-4 所示。

凭证 32-1

1200174130　　**天津增值税专用发票**　　№ 07591234

发票联

1200174130
07591234

开票日期：2022 年 01 月 31 日

购买方	名　　称：天津吉大卢卡设备有限公司 纳税人识别号：911201160002635800 地 址、电 话：天津市滨海新区中心路 14 号 02288786688 开户行及账号：工商银行滨海支行0300200888898	密码区	76/-8647/->49*<618<33 6>/120054140>2*3-0+672<7* 5+-<<41+41+>*>07591234 125490<42+*31/58>>33

货物或应税劳务、服务名称	规格型号	单位	数量	单价	金额	税率	税额
*供电*电费		度	500	14.5299	7 264.96	13%	944.44
合　计					¥7 264.96		¥944.44
价税合计（大写）	⊗捌仟贰佰零玖圆肆角整				（小写）¥8 209.40		

销售方	名　　称：天津市滨海电力公司 纳税人识别号：911201534200431432 地 址、电 话：天津市滨新区第二大街 3 号 022-84721238 开户行及账号：中国工商银行滨海支行 030200005634	备注	天津市滨海电力公司 911201534200431432 发票专用章

收款人：王刚　　复核：　　开票人：赵平　　销售方：（章）

税总函（2020）113 号北京印钞有限公司

第三联：发票联　购买方记账凭证

凭证 32-2

1200174130　　**天津增值税专用发票**　　№ 07591234

抵扣联

1200174130
07591234

开票日期：2022 年 01 月 31 日

购买方	名　　称：天津吉大卢卡设备有限公司 纳税人识别号：911201160002635800 地 址、电 话：天津市滨海新区中心路 14 号 02288786688 开户行及账号：工商银行滨海支行0300200888898	密码区	76/-8647/->49*<618<33 6>/120054140>2*3-0+672<7* 5+-<<41+41+>*>07591234 125490<42+*31/58>>33

货物或应税劳务、服务名称	规格型号	单位	数量	单价	金额	税率	税额
*供电*电费		度	500	14.5299	7 264.96	13%	944.44
合　计					¥7 264.96		¥944.44
价税合计（大写）	⊗捌仟贰佰零玖圆肆角整				（小写）¥8 209.40		

销售方	名　　称：天津市滨海电力公司 纳税人识别号：911201534200431432 地 址、电 话：天津市滨新区第二大街 3 号 022-84721238 开户行及账号：中国工商银行滨海支行 030200005634	备注	天津市滨海电力公司 911201534200431432 发票专用章

收款人：王刚　　复核：　　开票人：赵平　　销售方：（章）

税总函（2020）113 号北京印钞有限公司

第二联：抵扣联　购买方扣税凭证

凭证 32-3

用电量记录

2022 年 1 月 31 日

用电部门	单价(元/度)	用电量(度)	分配费用(元)
生产车间	14.529 9	400	5 811.96
销售部门	14.529 9	40	581.20
管理部门	14.529 9	60	871.80
合计		500	7 264.96

记录员:张岚

凭证 32-4

托收凭证(付款通知)　　5

委托日期:2022 年　01 月　31 日

业务类型	委托收款(□ 邮划、☑ 电划)		托收承付(□ 邮划、□ 电划)		
付款人 全称	天津吉大卢卡设备有限公司		收款人 全称	天津滨海市政有限公司	
付款人 账号	0300200888898		收款人 账号	030200045321	
付款人 地址	天津 省 市县	开户行 工商银行滨海支行	收款人 地址	天津 省 市县	开户行 工商银行滨海支行
金额 人民币(大写)	捌仟贰佰零玖元肆角整		千百十万千百十元角分	¥820940	
款项内容	电费	托收凭据名称	发票	附寄单证张数	2
商品发运情况		合同名称号码			
备注: 复核 记账		款项收妥日期 年 月 日		收款人开户银行签章 年 月 日	

中国工商银行股份有限公司天津滨海支行 20220131 受理凭证专用章 付讫业务(01)

此联付款人开户银行给付款人按期付款的通知

【业务 33】　31 日,计提本月工资,如凭证 33-1 至凭证 33-5 所示。

凭证 33-1

应付职工薪酬分配计算表

年　　月　　日

会计账户	部门	产品、劳务	定额工时	分配率	职工薪酬分配额
生产成本	生产部	GH8000 多功能烤箱			
		WH01 集成烤箱			
		小计			
制造费用	生产部				
销售费用	销售部门				
管理费用	管理部门				
合计					

凭证 33-2

产品定额工时资料

2020 年 3 月　　　　单位:小时

产　　品	工　　时
GH8000 多功能烤箱	20 000
WH01 集成烤箱	30 000
合计	50 000

凭证 33-3

工资计算表

所属期：2022年01月01日至2022年01月31日　　核算日期：2022年1月31日

工号	部门	姓名	基本工资	岗位工资	奖金	病事假扣款	应付工资	个人负担社保	个人负担公积金	应发工资
G11	综合管理部	李峰	10 000.00	4 000.00	2 000.00		16 000.00	1 050.00	1 200.00	13 750.00
G12	综合管理部	杨贵	6 000.00	2 000.00	2 000.00		10 000.00	630.00	720.00	8 650.00
F11	财务部	王明	10 000.00	1 000.00	2 000.00		13 000.00	1 050.00	1 200.00	10 750.00
F12	财务部	赵强	8 000.00	2 000.00	2 000.00		12 000.00	840.00	960.00	10 200.00
F13	财务部	李雪	5 000.00	1 000.00	2 000.00		8 000.00	525.00	600.00	6 875.00
S11	销售部	林卿	6 000.00	1 000.00	2 000.00		9 000.00	630.00	720.00	7 650.00
S12	销售部	谢玄	5 000.00	2 000.00	2 000.00		9 000.00	525.00	600.00	7 875.00
S13	销售部	郭丽华	5 000.00	1 000.00	2 000.00	400.00	7 600.00	525.00	600.00	6 475.00
P11	采购部	罗芳	6 000.00	2 000.00	2 000.00		10 000.00	630.00	720.00	8 650.00
P12	采购部	王颖	4 000.00	1 000.00	2 000.00		7 000.00	420.00	480.00	6 100.00
P13	采购部	李群	4 000.00	1 000.00	2 000.00		7 000.00	420.00	480.00	6 100.00
W11	生产部	张亮	8 000.00	2 000.00	2 000.00		12 000.00	840.00	960.00	10 200.00
W12	生产部	马方	4 000.00	1 000.00	2 000.00	200.00	6 800.00	420.00	480.00	5 900.00
W13	生产部	江季	4 000.00	2 000.00	2 000.00		8 000.00	420.00	480.00	7 100.00
	合计		85 000.00	23 000.00	28 000.00	600.00	135 400.00	8 925.00	10 200.00	116 275.00

凭证 33-4

工资计算表（续）

所属期：2022年01月01日至2022年01月31日　　核算日期：2022年1月31日

工号	部门	姓名	应发工资	单位负担社保	单位负担公积金	工资薪金总和	应交个人所得税	实发工资
G11	综合管理部	李峰	13 750.00	2 720.00	1 200.00	19 920.00	262.50	13 487.50
G12	综合管理部	杨贵	8 650.00	1 632.00	720.00	12 352.00	109.50	8 540.50
F11	财务部	王明	10 750.00	2 720.00	1 200.00	16 920.00	172.50	10 577.50
F12	财务部	赵强	10 200.00	2 176.00	960.00	15 136.00	156.00	10 044.00
F13	财务部	李雪	6 875.00	1 360.00	600.00	9 960.00	56.25	6 818.75
S11	销售部	林卿	7 650.00	1 632.00	720.00	11 352.00	79.50	7 570.50
S12	销售部	谢玄	7 875.00	1 360.00	600.00	10 960.00	86.25	7 788.75
S13	销售部	郭丽华	6 475.00	1 360.00	600.00	9 560.00	44.25	6 430.75
P11	采购部	罗芳	8 650.00	1 632.00	720.00	12 352.00	109.50	8 540.50
P12	采购部	王颖	6 100.00	1 088.00	480.00	8 568.00	33.00	6 067.00
P13	采购部	李群	6 100.00	1 088.00	480.00	8 568.00	33.00	6 067.00
W11	生产部	张亮	10 200.00	2 176.00	960.00	15 136.00	156.00	10 044.00
W12	生产部	马方	5 900.00	1 088.00	480.00	8 368.00	27.00	5 873.00
W13	生产部	江季	7 100.00	1 088.00	480.00	9 568.00	63.00	7 037.00
	合计		116 275.00	23 120.00	10 200.00	168 720.00	1 388.25	114 886.75

凭证 33-5

生产工人计时工资汇总表

所属期:2021 年 12 月 1 日至 2021 年 12 月 31 日　　核算日期:　　2022 年 1 月 31 日

部门	人数	计时	计时工资	支付方式
生产部	150	50 000	400 000.00	银行代发

制表人:赵强　　审批人:李峰

注:人员名单及工资明细略。

【业务 34】 31 日,计提折旧,如凭证 34-1 和凭证 34-2 所示。

凭证 34-1

折旧计提表

2022年1月31日

卡片编号	资产编号	固定资产名称	类别	使用部门	增加方式	使用年限	开始使用日期	原值	累计折旧	已计提月份	月折旧
00001	101	厂房	厂房建筑物	生产部	在建工程转入	20	2021-05-01	5 200 000.00	144 083.33	7	20 583.33
00002	301	奔驰轿车	交通工具	综合管理部	直接购入	5	2021-06-01	400 000.00	38 000.00	6	6 333.33
00003	302	GL8商务车	交通工具	销售部	直接购入	5	2021-05-01	280 000.00	31 033.33	7	4 433.33
00004	201	GH8000生产线	机器设备	生产部	投资者投入	10	2021-05-01	560 000.00	31 033.33	7	4 433.33
00005	202	WH01生产线	机器设备	生产部	直接购入	10	2021-06-01	880 000.00	41 800.00	6	6 966.67
00006	203	装配设备	机器设备	生产部	直接购入	10	2021-07-01	580 000.00	22 958.33	5	4 591.67
00007	401	联想计算机	电子设备	综合管理部	直接购入	3	2021-09-01	5 500.00	435.42	3	145.14
00008	402	惠普计算机	电子设备	销售部	直接购入	3	2021-10-01	8 500.00	448.61	2	224.31
00009	403	联想计算机	电子设备	采购部	直接购入	3	2021-10-01	5 500.00	290.28	2	145.14
合计:(共计卡片9张)								7 919 500.00	310 082.64		47 856.25

凭证 34-2

折 旧 汇 总 表

2022 年 1 月 31 日

使 用 部 门	科　　目	本 月 折 旧
生产部	制造费用	
销售部	销售费用	
其他部门	管理费用	
	合计	

【业务 35】 31 日，汇总领料单，如凭证 35-1 和凭证 35-2 所示。

凭证 35-1

领料单　No 202201040

材料类别：周转材料　2022年 1 月 28 日

领料单　No 202201039

材料类别：周转材料　2022年 01 月 25 日

领料单　No 202201002

材料类别：原料及主要材料　2022 年 1 月 3 日

领料单　No 202201001

材料类别：原料及主要材料　2022年 1 月 1 日

材料名称	单位	计划领用	实际领用	用途	备注
WK电子配件	件	200	200	GH8000多功能烤箱	
全自动温控器	件	100	100	GH8000多功能烤箱	

库管员：　领料部门负责人：　领料人：

一联生产部门留存，一联交财务核算部记账，一联交库管部登记台账。

共计 40 张，汇总为领料凭证汇总表

凭证 35-2

领料凭证汇总表

2020年3月31日

材料名称	单位	加权平均单价	生产部—产品用				生产部管理用		销售部		综合管理部		合计	
			Z230-5烤箱		Z350-8烤箱									
			数量	金额	数量	金额	数量	金额	数量	金额	数量	金额	数量	金额
PPL电子元件	件	154.00	860.00	132 440.00	2 050.00	315 700.00		—		—		—	2 910	448 140.00
Z3电子配件	件	204.00	430.00	87 720.00	820.00	167 280.00		—		—		—	1 250	255 000.00
不锈钢板	张	500.00	215.00	107 500.00	205.00	102 500.00		—		—		—	420	210 000.00
玻璃板	张	300.00	215.00	64 500.00	205.00	61 500.00		—	2	600.00		—	422	126 600.00
油漆	桶	200.00	129.00	25 800.00	123.00	24 600.00		—		—	2	400.00	254	50 800.00
螺丝螺母	盒	10.00	215.00	2 150.00	205.00	2 050.00		—	3	30.00		—	423	4 230.00
原料合计		—		420 110.00		673 630.00	0	0	5	630	2	400.00	5 679	1 094 770.00
工作服	套	200.00	—	—	—	—	50	10 000.00		—		—	50	10 000.00
手套	双	10.00	—	—	—	—	100	1 000.00	10	100.00	2	20.00	112	1 120.00
包装箱	只	300.00	430.00	129 000.00	410.00	123 000.00		—	2	600.00		—	842	252 600.00
周转材料合计				129 000.00		123 000.00		11 000.00		700.00		20.00	0	263 720.00
合计				549 110.00	—	796 630.00	—	11 000.00	—	1 330.00	—	420.00	—	1 358 490.00

【业务 36】 31 日，结转销售材料成本，如凭证 36-1 所示。

凭证 36-1

材料出库单

编号：C2022010001　　2022年1月17日　　仓库：原料库

提货单位	品名	单位	数量	合同号	备注
上海万联商贸有限公司	WK电子配件	只	10	XS202211701	

复核：郭丽华　　库管员：江季

注：本单一式三联，第一联仓库存根，第二联交销售部，第三联交财务部。

【业务 37】 31 日，盘点，如凭证 37-1 所示。

凭证 37-1

天津吉大卢卡设备有限公司财产物资盘点报告单

类别：原材料　　2022年1月31日

名称	规格	单位	单价	账面数		盘点数		盘盈		盘亏		备注
				数量	金额	数量	金额	数量	金额	数量	金额	
WK电子配件		只	162.00	500		500						
全自动温控器		只	375.07	980		980						
不锈钢板		张	500.00	134		134						
玻璃板		张	300.00	48		46				2	600	
油漆		桶	200.00	508		508						
螺丝螺母		盒	10.00	437		427				10	100	
合计											700	
原因分析：						审批意见：						

单位盖章：　　财务负责人：王明　　制表：江季

【业务 38】 31 日，经审核，确认玻璃板的盘亏为正常经营损耗，螺丝螺母的盘亏为管理不善，由责任人负担赔偿（提示：注意进项税转出），如凭证 38-1 所示。

凭证 38-1

盘点事项说明书

综合管理部：

经审核，2022 年 1 月 31 日盘点玻璃板盘亏 2 张，是正常经营损耗，建议冲减管理费用；螺丝螺母盘亏为仓库管理员江季管理不善，管理员同意赔偿。（盘亏螺丝螺母进项税为 100×0.13=13 元）

生产部：张亮
财务部：王明
2022 年 1 月 31 日

同意生产部和财务部意见。
李峰　2022 年 1 月 31 日

【业务 39】 31 日，归集制造费用，并分配，如凭证 39-1 所示。

凭证 39-1

制造费用分配表

年　　月

产品	定额工时（小时）	分配率（元/小时）	分配额（元）
GH8000 多功能烤箱	20 000		
WH01 集成烤箱	30 000		
合计	50 000		

制表人：

【业务 40】 31 日，计算成本，经完工产品入库，如凭证 40-1 至凭证 40-3 所示。

凭证 40-1

产品成本计算表

完工产品：440

产品：GH8000 多功能烤箱　　　年　月　日　　　在产品：

摘要	直接材料	直接人工	制造费用	合计
月初在产品				
本月发生额				
月末在产品	0	0	0	0
完工产品成本				
完工产品单位成本				

制表：　　　　主管

凭证 40-2

产品成本计算表

完工产品：300

产品：WH01 集成烤箱　　　　年　月　日　　　　在产品：

摘要	直接材料	直接人工	制造费用	合计
月初在产品				
本月发生额				
月末在产品	300 000.00	48 000.00	3 600.00	351 600.00
完工产品成本				
完工产品单位成本				

制表：　　　　主管：

凭证 40-3

产品入库单汇总表

年　月　日

交库部门：生产部　　　　仓库名称：成品库

产品名称	计量单位	实收数量	单位成本	实际总成本
GH8000 多功能烤箱	台			
WH01 集成烤箱	台			

记账：　　　　主管：　　　　保管：　　　　交库：

注：一式三联，第一联成品库存根，第二联交生产部，第三联交财务核算部。

【业务 41】 31 日，结转销售产品成本，如凭证 41-1 至凭证 41-4 所示。

凭证 41-1

产品出库成本计算表

年　月　日

明细账户及材料名称	计量单位	期初结存数量	期初结存金额	本期入库数量	本期入库金额	单价	本期发出数量	本期出库金额	期末结存数量	结存金额
合计										

凭证 41-2

产 品 出 库 单

编号：C2022010001　　　　2022 年 1 月 7 日　　　　仓库：成品库

提货单位	品名	单位	数量	合同号	备注
上海万盛家电商贸有限公司	GH8000 多功能烤箱	台	80	XS202210701	
上海万盛家电商贸有限公司	WH01 集成烤箱	台	40	XS202210701	

复核：郭丽华　　　　库管员：江季

注：本单一式三联，第一联仓库存根，第二联交销售部，第三联交财务部。

凭证 41-3

产 品 出 库 单

编号:C2022010002 2022 年 1 月 13 日 仓库:成品库

提货单位	品名	单位	数量	合同号	备注
北京万达电器商贸有限公司	GH8000 多功能烤箱	台	40	XS202211301	
北京万达电器商贸有限公司	WH01 集成烤箱	台	20	XS202211301	

复核:郭丽华 库管员:江季

注:本单一式三联,第一联仓库存根,第二联交销售部,第三联交财务部。

凭证 41-4

产 品 出 库 单

编号:C2021010003 2022 年 1 月 31 日 仓库:成品库

提货单位	品名	单位	数量	合同号	备注
山西电器设备有限公司	GH8000 多功能烤箱	台	50	XS202211302	
山西电器设备有限公司	WH01 集成烤箱	台	40	XS202211302	

复核:郭丽华 库管员:江季

注:本单一式三联,第一联仓库存根,第二联交销售部,第三联交财务部。

【业务 42】 31 日,计提本月增值税及其附加,如凭证 42-1 所示。

凭证 42-1

增值税及附加计算表

年 月 日

项 目	金 额
销项税额	
进项税额	
进项税转出	
应交增值税额	
应交城市维护建设税额(7%)	
应交教育费附加(3%)	
应交地方教育费附加(2%)	

【业务43】 31日，计算并结转本月期间损益，如凭证43-1所示。

凭证43-1

损益类账户发生额汇总表

年　　月

收入类账户	本月发生额	支出类账户	本月发生额
合　计		合　计	
利润总额(盈利)		利润总额(亏损)	

【业务44】 31日，计提所得税，如凭证44-1所示。

提示："本年利润"账户有贷方余额为企业盈利，需计提企业所得税，借方余额为企业亏损，不需计提企业所得税。

凭证44-1

应交所得税计算表

年　　月

利润总额	所得税税率	应交所得税
	25%	

【业务 45】 31 日，将所得税费用结转入本年利润，无原始凭证。

【业务 46】 31 日，假设此时为年末，计提法定盈余公积和应付利润(本年净利润的 20%)，如凭证46-1 所示。

提示：年末以本年盈利弥补以前年度亏损，可供分配利润数字为正才需计提法定盈余公积。业务 46 和业务 47 在 1 月至 11 月份不需要完成，本案例仅为模拟练习年底业务处理，可以选做。

凭证 46-1

利润分配表

年　　度

项　　目	金　　额
上年未分配利润	
本年净利润	
可供分配利润	
法定盈余公积	
应付投资者股利	
未分配利润	

【业务 47】 结转盈余公积和应付利润。本年利润结转入未分配利润。

提示：年末将本年利润全部金额结转入“利润分配——未分配利润”账户，年末“本年利润”账户无余额。

(二) 银行对账单与银行存款余额调节表

请将企业 2022 年 1 月份中国工商银行的银行存款日记账与中国工商银行的对账单进行核对，并编制银行存款余额调节表，如表 3.11 和表 3.12 所示。

表 3.11

中国工商银行客户存款对账单

地区号：0302　网点号：0902　　币种：人民币 单位：元　　2022年　页号：1

账号：0300200888898　户名：天津吉大卢卡设备有限公司　　上页余额：2 000 000.00

日期	业务产品种类	凭证种类	摘要	对方户名	借方发生额	贷方发生额	方向	余额	记账信息
01-04	电汇			上海嘉华投资有限公司	-	2 000 000.00	借	4 000 000.00	
01-04	电汇			威卡科技北京有限公司	40 680.00	-	借	3 959 320.00	
01-05	转账支出			天津好运来装修有限公司	50 000.00	-	借	3 909 320.00	
01-06	现金存入				-	31 400.00	借	3 940 720.00	
01-06	电汇			广州惠民科技有限公司	339 000.00	-	借	3 601 720.00	
01-07	电汇收入	（略）	（略）	上海万盛家电商贸有限公司	-	813 600.00	借	4 415 320.00	（略）
01-07	网上划转			云联气体仪器贸易（上海）有限	214 700.00	-	借	4 200 620.00	
01-10	委托划款			天津市社会保险基金管理中心	32 045.00	-	借	4 168 575.00	
01-10	委托划款			天津市公积金管理中心	20 400.00	-	借	4 148 175.00	
01-10	现金取款				58 000.00	-	借	4 090 175.00	
01-10	银行代发				499 141.80	-	借	3 591 033.20	
01-11	电汇			广州西联科技有限公司	50 000.00	-	借	3 541 033.20	
01-11	收费				5.00	-	借	3 541 028.20	
01-12	实时缴税			北京经贸电子有限公司	203 400.00	-	借	3 337 628.20	
01-13	网上划转			山西电器设备有限公司	-	193 230.00	借	3 530 858.20	
01-13	转账支出			天津五洲运输有限公司	2 180.00	-	借	3 528 678.20	
01-13	实时缴税			国家金库	58 200.00	-	借	3 470 478.20	
01-13	实时缴税			国家金库	6 984.00	-	借	3 463 494.20	
01-13	实时缴税			国家金库	7 200.00	-	借	3 456 294.20	
01-13	实时缴税			国家金库	21 000.00	-	借	3 435 294.20	
01-14	转账收入			天津广达商贸有限公司	-	400 000.00	借	3 835 294.20	
01-14	银行汇票存入				300 000.00	-	借	3 535 294.20	
01-18	转账支出			天津市红十字会	200 000.00	-	借	3 335 294.20	
01-20	转账支出			天津连城广告公司	6 000.00	-	借	3 329 294.20	
01-25	转账支出			天津市华源设备修理有限公司	2 260.00		借	3 327 034.20	
01-30	转账支出			天津五洲运输有限公司	2 500.00		借	3 324 534.20	
01-31	转账支出			天津滨海市政有限公司	6 798.00		借	3 317 736.20	
01-31	委托划款					42 800.00	借	3 360 536.20	

截止2022年1月31日，账户余额（额度）：　3 360 536.20　　可用额度：　3 360 536.20

打印次数：00001　校验码：6624414456430900005　打印方式：批量打印　打印柜员：1　授权柜员：1　打印日期：2022-02-02

表 3.12　**银行存款余额调节表**

单位名称：　　年　月　日　　单位：元

项　目	金　额	项　目	金　额
企业银行存款日记账的余额		银行对账单的余额	
加：银行已收企业未收款项		加：企业已收银行未收款项	
减：银行已付企业未付款项		减：企业已付银行未付款项	
调节后的存款余额		调节后的存款余额	

主管会计：　　制表：

（三）科目汇总表

请根据本月 1 日至 15 日的记账凭证编制科目汇总表（又称记账凭证汇总表），编号：科汇 1，并登记总账，如表 3.13 所示。

表 3.13 科目汇总表

年 月 — 日 （凭证号： - ）

序号	科目名称	借方	贷方	序号	科目名称	借方	贷方
1				21			
2				22			
3				23			
4				24			
5				25			
6				26			
7				27			
8				28			
9				29			
10				30			
11				31			
12				32			
13				33			
14				34			
15				35			
16				36			
17				37			
18				38			
19				39			
20				40			
				合计			

请根据本月16日至31日的记账凭证编制科目汇总表，编号：科汇2，并登记总账，如表3.14所示。

表 3.14 科目汇总表

年 月 — 日 （凭证号： - ）

序号	科目名称	借方	贷方	序号	科目名称	借方	贷方
1				21			
2				22			
3				23			
4				24			
5				25			
6				26			
7				27			
8				28			
9				29			
10				30			
11				31			
12				32			
13				33			
14				34			
15				35			
16				36			
17				37			
18				38			
19				39			
20				40			
				合计			

(四) 试算平衡表

将企业总账中的科目名称及其期初余额、本期发生额和期末余额抄录到试算平衡表中，进行平衡校验。编制试算平衡表，如表 3.15 所示。

表 3.15 试算平衡表

年 月 日

序号	科目名称	期初余额		本期发生额		期末余额	
		借方	贷方	借方	贷方	借方	贷方
1							
2							
3							
4							
5							
6							
7							
8							
9							
10							
11							
12							
13							
14							
15							
16							
17							
18							
19							
20							
21							
22							
23							
24							
25							
26							
27							
28							
29							
30							
31							
32							
33							
34							
35							
36							
37							
38							
39							
40							
	合 计						

（五）财务报表

根据企业的总账和明细账编制财务报表，如表 3.16 和表 3.17 所示。

表 3.16 资产负债表

年　　月　　日

会企 01 表

编制单位：　　　　单位：人民币元

资　产	行次	期末余额	期初余额	负债和所有者权益（或股东权益）	行次	期末余额	期初余额
流动资产：				流动负债：			
货币资金	1			短期借款	35		
交易性金融资产	2			交易性金融负债	36		
衍生金融资产	3			衍生金融负债	37		
应收票据	4			应付票据	38		
应收账款	5			应付账款	39		
应收款项融资	6			预收款项	40		
预付款项	7			合同负债	41		
其他应收款	8			应付职工薪酬	42		
存货	9			应交税费	43		
合同资产	10			其他应付款	44		
持有待售资产	11			持有待售负债	45		
一年内到期的非流动资产	12			一年内到期的非流动负债	46		
其他流动资产	13			其他流动负债	47		
流动资产合计	14			流动负债合计	48		
非流动资产：				非流动负债：			
债权投资	15			长期借款	49		
其他债权投资	16			应付债券	50		
长期应收款	17			其中：优先股	51		
长期股权投资	18			永久债	52		
其他权益工具投资	19			租赁负债	53		
其他非流动金融资产	20			长期应付款	54		
投资性房地产	21			预计负债	55		
固定资产	22			递延收益	56		
在建工程	23			递延所得税负债	57		
生产性生物资产	24			其他非流动负债	58		
油气资产	25			非流动负债合计	59		
使用权资产	26			负债合计	60		
无形资产	27			所有者权益（或股东权益）：			

（续表）

资　产	行次	期末余额	期初余额	负债和所有者权益（或股东权益）	行次	期末余额	期初余额
开发支出	28			实收资本（或股本）	61		
商誉	29			其他权益工具	62		
长期待摊费用	30			其中：优先股	63		
递延所得税资产	31			永久债	64		
其他非流动资产	32			资本公积	65		
非流动资产合计	33			减：库存股	66		
				其他综合收益	67		
				专项储备	68		
				盈余公积	69		
				未分配利润	70		
				所有者权益（或股东权益）合计	71		
资产总计	34			负债和所有者权益（或股东权益）总计	72		

表 3.17　　　　**利　润　表**

年度　　　　会企 02 表

编制单位：　　　　单位：元

项　目	行次	本年金额	上年金额
一、营业收入	1		
减：营业成本	2		
税金及附加	3		
销售费用	4		
管理费用	5		
研发费用	6		
财务费用	7		
其中：利息费用	8		
利息收入	9		
加：其他收益	10		
投资收益（损失以“－”号填列）	11		
其中：对联营企业和合营企业的投资收益	12		
以摊余成本计量的金融资产最终确认收益（损失以“－”号填列）	13		
净敞口套期收益（损失以“－”号填列）	14		

（续表）

项　目	行次	本年金额	上年金额
公允价值变动收益(损失以“－”号填列)	15		
信用减值损失(损失以“－”号填列)	16		
资产减值损失(损失以“－”号填列)	17		
资产处置收益(损失以“－”号填列)	18		
二、营业利润(亏损以“－”号填列)	19		
加:营业外收入	20		
减:营业外支出	21		
三、利润总额(亏损总额以“－”号填列)	22		
减:所得税费用	23		
四、净利润(净亏损以“－”号填列)	24		
(一) 持续经营净利润(净亏损以“－”号填列)	25		
(二) 终止经营净利润(净亏损以“－”号填列)	26		
五、其他综合收益的税后净额	27		
(一) 不能重分类进损益的其他综合收益	28		
1. 重新计量设定受益计划变动额	29		
2. 权益法下不能转损益的其他综合收益	30		
3. 其他权益工具投资公允价值变动	31		
4. 企业自身信用风险公允价值变动	32		
……			
(二) 将重分类进损益的其他综合收益	33		
1. 权益法下可转损益的其他综合收益	34		
2. 其他债权投资公允价值变动	35		
3. 金融资产重分类计入其他综合收益的金额	36		
4. 其他债权投资信用减值准备	37		
5. 现金流量套期储备	38		
6. 外币财务报表折算差额	39		
……			
六、综合收益总额	40		
七、每股收益:	41		
(一) 基本每股收益	42		
(二) 稀释每股收益	43		

(六) 所得税申报表(年报)(年末企业所得税汇算清缴)

所得税申报表,如表 3.18 至表 3.24 所示。

表 3.18

中华人民共和国企业所得税年度纳税申报表
(A 类,2017 年版)

税款所属期间：　　年　月　日至　年　月　日

纳税人识别号(统一社会信用代码)：

纳税人名称(公章)：

金额单位:人民币元(列至角分)

谨声明:本纳税申报表是根据国家税收法律法规及相关规定填报的,是真实的、可靠的、完整的。

纳税人(签章)：　　　　年　月　日

经办人：	受理人：
经办人身份证号：	受理税务机关(章)：
代理机构签章：	受理日期：　年　月　日

国家税务总局监制

表 3.19　　企业所得税年度纳税申报表填报表单

表单编号	表单名称	是否填报
A000000	企业所得税年度纳税申报基础信息表	□
A100000	中华人民共和国企业所得税年度纳税申报表(A类)	□
A101010	一般企业收入明细表	□
A101020	金融企业收入明细表	□
A102010	一般企业成本支出明细表	□
A102020	金融企业支出明细表	□
A103000	事业单位、民间非营利组织收入、支出明细表	□
A104000	期间费用明细表	□
A105000	纳税调整项目明细表	□
A105010	视同销售和房地产开发企业特定业务纳税调整明细表	□
A105020	未按权责发生制确认收入纳税调整明细表	□
A105030	投资收益纳税调整明细表	□
A105040	专项用途财政性资金纳税调整明细表	□
A105050	职工薪酬支出及纳税调整明细表	□
A105060	广告费和业务宣传费跨年度纳税调整明细表	□
A105070	捐赠支出及纳税调整明细表	□
A105080	资产折旧、摊销及纳税调整明细表	□
A105090	资产损失税前扣除及纳税调整明细表	□
A105100	企业重组及递延纳税事项纳税调整明细表	□
A105110	政策性搬迁纳税调整明细表	□
A105120	特殊行业准备金及纳税调整明细表	□
A106000	企业所得税弥补亏损明细表	□
A107010	免税、减计收入及加计扣除优惠明细表	□
A107011	符合条件的居民企业之间的股息、红利等权益性投资收益优惠明细表	□
A107012	研发费用加计扣除优惠明细表	□
A107020	所得减免优惠明细表	□
A107030	抵扣应纳税所得额明细表	□
A107040	减免所得税优惠明细表	□
A107041	高新技术企业优惠情况及明细表	□
A107042	软件、集成电路企业优惠情况及明细表	□
A107050	税额抵免优惠明细表	□
A108000	境外所得税收抵免明细表	□
A108010	境外所得纳税调整后所得明细表	□
A108020	境外分支机构弥补亏损明细表	□
A108030	跨年度结转抵免境外所得税明细表	□
A109000	跨地区经营汇总纳税企业年度分摊企业所得税明细表	□
A109010	企业所得税汇总纳税分支机构所得税分配表	□
受控外国企业信息报告表	受控外国企业信息报告表	□
非货币性资产投资递延纳税调整明细表	非货币性资产投资递延纳税调整明细表	□
居民企业资产(股权)划转特殊性税务处理申报表	居民企业资产(股权)划转特殊性税务处理申报表	□
企业重组所得税特殊性税务处理报告表	企业重组所得税特殊性税务处理报告表一主表	□
研发项目可加计扣除研究开发费用情况归集表	研发项目可加计扣除研究开发费用情况归集表	□
海上油气生产设施弃置费情况表	海上油气生产设施弃置费情况表	□
汇总纳税企业分支机构已备案优惠事项清单	汇总纳税企业分支机构已备案优惠事项清单	□

说明:企业应当根据实际情况选择需要填报的表单。

表 3.20

A000000

企业所得税年度纳税申报基础信息表

基本经营情况(必填项目)						
101 纳税申报企业类型(填写代码)	000 非跨地区经营企业		102 分支机构就地纳税比例(%)	0.000000%		
103 资产总额(填写平均值,单位:万元)			104 从业人数(填写平均值,单位:人)	1		
105 所属国民经济行业(填写代码)			106 从事国家限制或禁止行业	□是		□否
107 适用会计准则或会计制度(填写代码)	110 企业会计准则——一般企业		108 采用一般企业财务报表格式(2018 年版)	□是		□否
109 小型微利企业	□是	□否	110 上市公司	□境内	□境外	□否
有关涉税事项情况(存在或者发生下列事项时必填)						
201 从事股权投资业务	□是		202 存在境外关联交易	□是		
203 选择采用的境外所得抵免方式	□分国(地区)不分项		□不分国(地区)不分项	□否		
204 有限合伙制创业投资企业的法人合伙人	□是		205 创业投资企业	□是		
206 技术先进型服务企业类型(填写代码)			207 非营利组织	□是		
208 软件、集成电路企业类型(填写代码)			209 集成电路生产项目类型	□130 纳米		□65 纳米
210 科技型中小企业	210－1	年(申报所属期年度)入库编号 1		210－2 入库时间 1		
	210－3	年(所属期下一年度)入库编号 2		210－4 入库时间 2		
211 高新技术企业申报所属期年度有效的高新技术企业证书		211－1 证书编号 1		211－2 发证时间 1		
		211－3 证书编号 2		211－4 发证时间 2		
212 重组事项税务处理方式	□一般性	□特殊性	213 重组交易类型(填写代码)			
214 重组当事方类型(填写代码)			215 政策性搬迁开始时间			
216 发生政策性搬迁且停止生产经营无所得年度		□是	217 政策性搬迁损失分期扣除年度	□是		
218 发生非货币性资产对外投资递延纳税事项		□是	219 非货币性资产对外投资转让所得递延纳税年度	□是		
220 发生技术成果投资入股递延纳税事项		□是	221 技术成果投资入股递延纳税年度	□是		
222 发生资产(股权)划转特殊性税务处理事项		□是	223 债务重组所得递延纳税年度	□是		
主要股东及分红情况(必填项目)						
股东名称	证件种类	证件号码	投资比例(%)	当年(决议日)分配的股息、红利等权益性投资收益金额	国籍(注册地址)	
其余股东合计	—	—	0.0000%	0.00	—	

表 3.21

A100000

中华人民共和国企业所得税年度纳税申报表(A类)

行次	类别	项　目	金额
1	利润总额计算	一、营业收入(填写 A101010\101020\103000)	
2		减:营业成本(填写 A102010\102020\103000)	
3		营业税金及附加	
4		销售费用(填写 A104000)	
5		管理费用(填写 A104000)	
6		财务费用(填写 A104000)	
7		资产减值损失	
8		加:公允价值变动收益	
9		投资收益	
10		二、营业利润(1－2－3－4－5－6－7＋8＋9)	
11		加:营业外收入(填写 A101010\101020\103000)	
12		减:营业外支出(填写 A102010\102020\103000)	
13		三、利润总额(10＋11－12)	
14	应纳税所得额计算	减:境外所得(填写 A108010)	
15		加:纳税调整增加额(填写 A105000)	
16		减:纳税调整减少额(填写 A105000)	
17		减:免税、减计收入及加计扣除(填写 A107010)	
18		加:境外应税所得抵减境内亏损(填写 A108000)	
19		四、纳税调整后所得(13－14＋15－16－17＋18)	
20		减:所得减免(填写 A107020)	
21		减:弥补以前年度亏损(填写 A106000)	
22		减:抵扣应纳税所得额(填写 A107030)	
23		五、应纳税所得额(19－20－21－22)	
24	应纳税额计算	税率(25%)	
25		六、应纳所得税额(23×24)	
26		减:减免所得税额(填写 A107040)	
27		减:抵免所得税额(填写 A107050)	
28		七、应纳税额(25－26－27)	
29		加:境外所得应纳所得税额(填写 A108000)	
30		减:境外所得抵免所得税额(填写 A108000)	
31		八、实际应纳所得税额(28＋29－30)	
32		减:本年累计实际已预缴的所得税额	
33		九、本年应补(退)所得税额(31－32)	
34		其中:总机构分摊本年应补(退)所得税额(填写 A109000)	
35		财政集中分配本年应补(退)所得税额(填写 A109000)	
36		总机构主体生产经营部门分摊本年应补(退)所得税额(填写 A109000)	

表 3.22

A101010

一般企业收入明细表

行次	项　　目	金　额
1	一、营业收入(2+9)	
2	(一)主营业务收入(3+5+6+7+8)	
3	1. 销售商品收入	
4	其中:非货币性资产交换收入	
5	2. 提供劳务收入	
6	3. 建造合同收入	
7	4. 让渡资产使用权收入	
8	5. 其他	
9	(二)其他业务收入(10+12+13+14+15)	
10	1. 销售材料收入	
11	其中:非货币性资产交换收入	
12	2. 出租固定资产收入	
13	3. 出租无形资产收入	
14	4. 出租包装物和商品收入	
15	5. 其他	
16	二、营业外收入(17+18+19+20+21+22+23+24+25+26)	
17	(一)非流动资产处置利得	
18	(二)非货币性资产交换利得	
19	(三)债务重组利得	
20	(四)政府补助利得	
21	(五)盘盈利得	
22	(六)捐赠利得	
23	(七)罚没利得	
24	(八)确实无法偿付的应付款项	
25	(九)汇兑收益	
26	(十)其他	

表 3.23

A102010

一般企业成本支出明细表

行次	项　　目	金　额
1	一、营业成本(2+9)	
2	（一）主营业务成本(3+5+6+7+8)	
3	1. 销售商品成本	
4	其中:非货币性资产交换成本	
5	2. 提供劳务成本	
6	3. 建造合同成本	
7	4. 让渡资产使用权成本	
8	5. 其他	
9	（二）其他业务成本(10+12+13+14+15)	
10	1. 材料销售成本	
11	其中:非货币性资产交换成本	
12	2. 出租固定资产成本	
13	3. 出租无形资产成本	
14	4. 包装物出租成本	
15	5. 其他	
16	二、营业外支出(17+18+19+20+21+22+23+24+25+26)	
17	（一）非流动资产处置损失	
18	（二）非货币性资产交换损失	
19	（三）债务重组损失	
20	（四）非常损失	
21	（五）捐赠支出	
22	（六）赞助支出	
23	（七）罚没支出	
24	（八）坏账损失	
25	（九）无法收回的债券股权投资损失	
26	（十）其他	

表 3.24

A104000

期间费用明细表

行次	项　　目	销售费用	其中：境外支付	管理费用	其中：境外支付	财务费用	其中：境外支付
		1	2	3	4	5	6
1	一、职工薪酬		*		*	*	*
2	二、劳务费					*	*
3	三、咨询顾问费					*	*
4	四、业务招待费		*		*	*	*
5	五、广告费和业务宣传费		*		*	*	*
6	六、佣金和手续费						
7	七、资产折旧摊销费		*		*	*	*
8	八、财产损耗、盘亏及毁损损失		*		*	*	*
9	九、办公费		*		*	*	*
10	十、董事会费		*		*	*	*
11	十一、租赁费					*	*
12	十二、诉讼费		*		*	*	*
13	十三、差旅费		*		*	*	*
14	十四、保险费		*		*	*	*
15	十五、运输、仓储费					*	*
16	十六、修理费					*	*
17	十七、包装费		*		*	*	*
18	十八、技术转让费					*	*
19	十九、研究费用					*	*
20	二十、各项税费		*		*	*	*
21	二十一、利息收支	*	*	*	*		
22	二十二、汇兑差额	*	*	*	*		
23	二十三、现金折扣	*	*	*	*		*
24	二十四、党组织工作经费	*	*		*	*	*
25	二十五、其他						
26	合计(1+2+3+…+25)						

第四部分　会计实训知识宝典

一、常用票据的样式和填写方法

我国在 2011 年 3 月 1 日启用“2010 版银行票据”，版面以中国文化元素“梅、兰、竹、菊”为设计主题，采用中国画的线描表现手法，方案以“四君子”代表中国传统文化中的“信”字，符合金融业以“信”为本的文化理念。票面采用扭锁防伪图文和花卉主题的有机结合，风格简洁大方，票面清新淡雅，契合“四君子”品行高洁的气质，突出银行票据的功能性和创新性，给人耳目一新的视觉效果。新版票据分支票、本票、汇票三大类。其中，现金支票采用梅花主景，转账支票采用竹枝主景，汇票采用兰花主景，本票采用菊花主景。

(一) 支票

1. 支票的概念与票样

支票是指出票人签发的，委托办理支票存款业务的银行在见票时无条件支付确定的金额给收款人或者持票人的票据。

支票的基本当事人包括出票人、付款人和收款人。出票人即存款人，是在批准办理支票业务的银行机构开立可以使用支票的存款账户的单位和个人；付款人是出票人的开户银行；持票人可以是票面上填明的收款人，也可以是经背书转让的被背书人。

从票面上看，支票包含现金支票、转账支票和清分机支票三种。支票上印有“现金”字样的为现金支票，现金支票只能用于支取现金，不得背书转让。支票上印有“转账”字样的为转账支票，转账支票只能用于转账。三种支票的票样，如图 4.1 至图 4.5 所示。

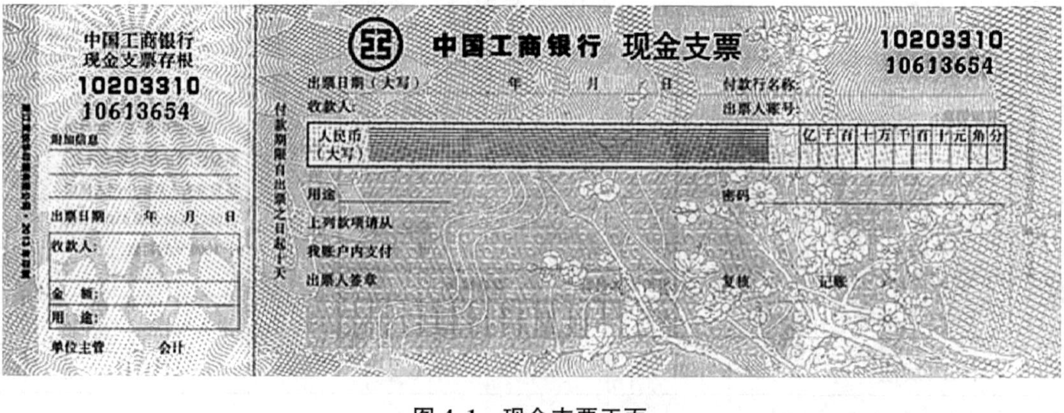

图 4.1　现金支票正面

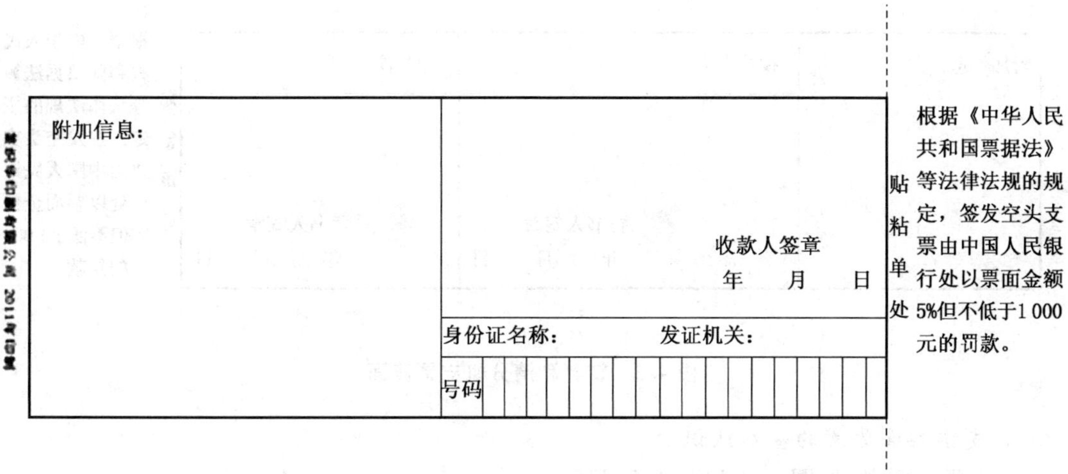

附加信息：

收款人签章
年　月　日

身份证名称：　　　　发证机关：

号码

贴粘单处

根据《中华人民共和国票据法》等法律法规的规定，签发空头支票由中国人民银行处以票面金额5%但不低于1 000元的罚款。

图 4.2　现金支票背面

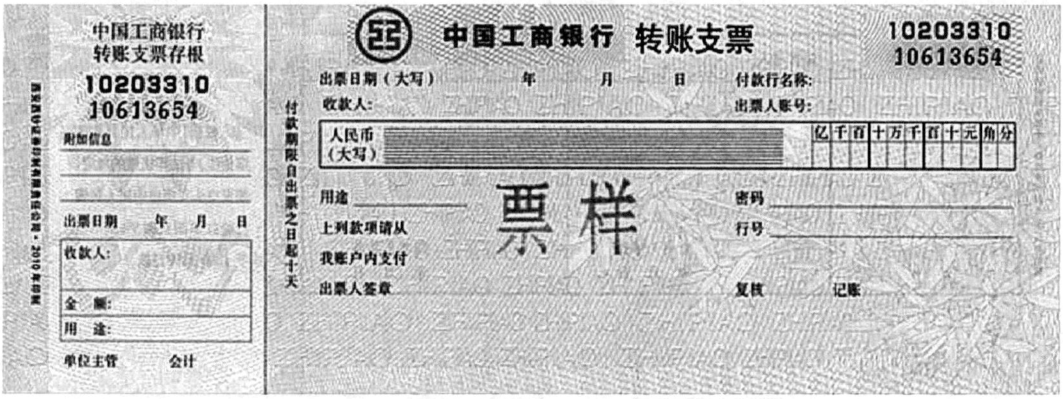

中国工商银行
转账支票存根
10203310
10613654
附加信息
出票日期　年　月　日
收款人：
金　额：
用　途：
单位主管　会计

中国工商银行　转账支票　10203310 10613654
付款期限自出票之日起十天
出票日期（大写）　年　月　日　付款行名称：
收款人：　出票人账号：
人民币（大写）　亿 千 百 十 万 千 百 十 元 角 分
用途　密码
上列款项请从　行号
我账户内支付
出票人签章　复核　记账
票样

图 4.3　转账支票正面

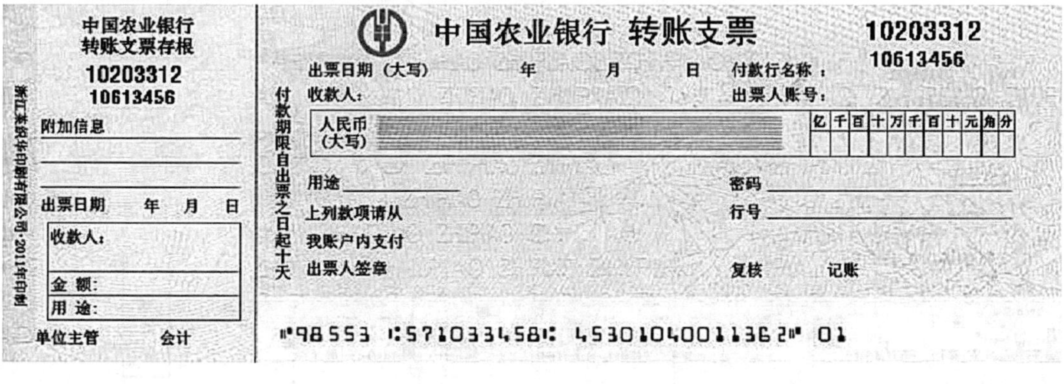

中国农业银行
转账支票存根
10203312
10613456
附加信息
出票日期　年　月　日
收款人：
金　额：
用　途：
单位主管　会计

中国农业银行　转账支票　10203312 10613456
付款期限自出票之日起十天
出票日期（大写）　年　月　日　付款行名称：
收款人：　出票人账号：
人民币（大写）　亿 千 百 十 万 千 百 十 元 角 分
用途　密码
上列款项请从　行号
我账户内支付
出票人签章　复核　记账

图 4.4　清分机支票正面

某织华印制有限公司 2011年印制

附加信息：	被背书人	被背书人	贴粘单处
	背书人签章 年　月　日	背书人签章 年　月　日	

根据《中华人民共和国票据法》等法律法规的规定，签发空头支票由中国人民银行处以票面金额5%但不低于1 000元的罚款。

图 4.5　转账和清分机支票背面

2. 支票票面要素的基本认识

支票票面要素，如图 4.6 和图 4.7 所示。

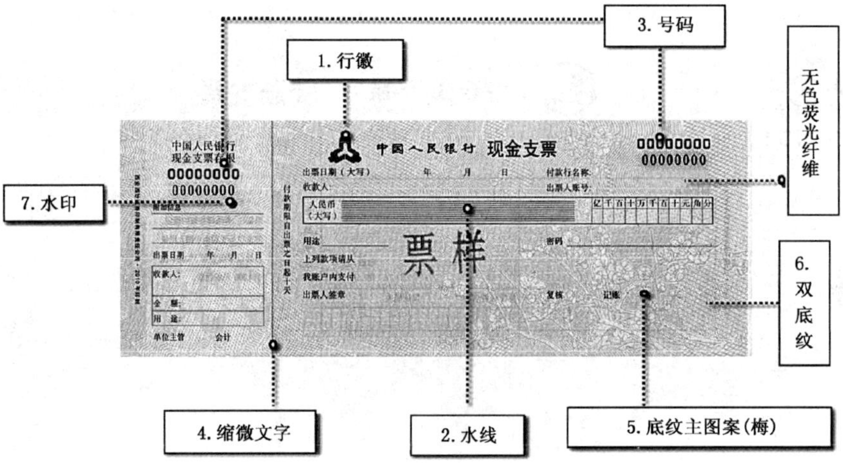

图 4.6　现金支票的基本要素图

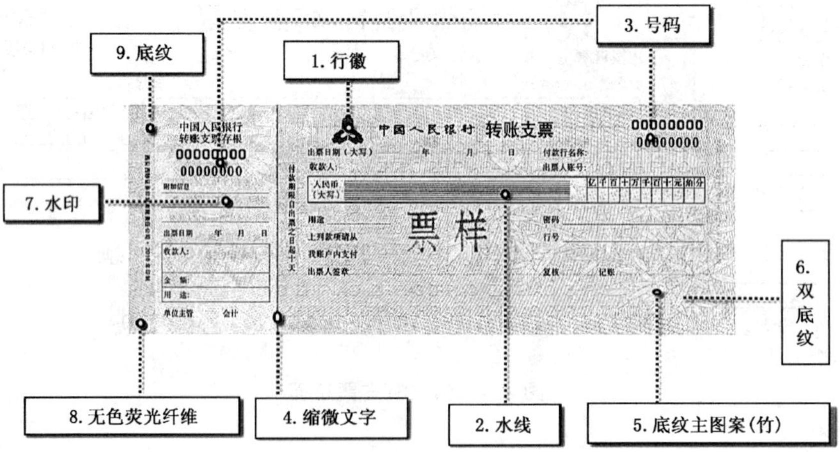

图 4.7　转账支票的基本要素图

3. 支票出票时的填写

签发支票要用墨汁或碳素墨水(或使用支票打印机)填写。

1) 填写出票日期

票据的出票日期必须使用中文大写。为防止变造票据的出票日期,在填写月、日时,月为壹、贰和壹拾的,日为壹至玖和壹拾、贰拾和叁拾的,应在其前加“零”;日为拾壹至拾玖的,应在其前加“壹”字。如1月15日,应写成“零壹月壹拾伍日”。再如10月20日,应写成“零壹拾月零贰拾日”。票据出票日期使用小写填写的,银行不予受理。大写日期未按要求规范填写的,银行可予受理,但由此造成损失的,由出票人自行承担。结算凭证上的日期可以使用小写填写。

2) 填写金额

(1) 中文大写金额数字应用正楷或行书填写,如壹、贰、叁、肆、伍、陆、柒、捌、玖、拾、佰、仟、万、亿、元、角、分、零、整(正)等字样。

不得用一、二(两)、三、四、五、六、七、八、九、十、廿(niàn)、卅(sà)、另(或0)填写,不得自造简化字。

(2) 中文大写金额数字到“元”为止的,在“元”之后,应写“整”(或“正”)字,中文大写金额数字到“角”为止的,在“角”之后,应写“整”(或“正”)字,大写金额数字有“分”的,“分”后面不写“整”(或“正”)字。

(3) 中文大写金额数字前应标明“人民币”字样,大写金额数字应紧接“人民币”字样填写,不得留有空白。大写金额数字前未印“人民币”字样的,应加填“人民币”三字。

(4) 阿拉伯小写金额数字中有“0”时,中文大写应按照汉语语言规律、金额数字构成和防止涂改的要求进行书写。举例如下:

阿拉伯数字中间有“0”时,中文大写金额要写“零”字。如¥1 409.50,应写成“人民币壹仟肆佰零玖元伍角整”。

阿拉伯数字中间连续有几个“0”时,中文大写金额中间可以只写1个“零”字。如¥6 007.14,应写成“人民币陆仟零柒元壹角肆分”。

阿拉伯金额数字万位或元位是“0”,或者数字中间连续有几个“0”,万位元位也是“0”,但千位、角位不是“0”时,中文大写金额中可以只写1个“零”字,也可以不写“零”字。如¥1 680.32,应写成“人民币壹仟陆佰捌拾元零叁角贰分”,或者写成“人民币壹仟陆佰捌拾元叁角贰分”;又如¥107 000.53,应写成“人民币壹拾万柒仟元零伍角叁分”,或者写成“人民币壹拾万零柒仟元伍角叁分”。

阿拉伯金额数字角位是“0”,而分位不是“0”时,中文大写金额“元”后面应写“零”字。如¥16 409.02,应写成“人民币壹万陆仟肆佰零玖元零贰分”;又如¥325.04,应写成“人民币叁佰贰拾伍元零肆分”。

阿拉伯小写金额数字前面,均应填写人民币符号“¥”(或草写¥)。阿拉伯小写金额数字要认真填写,不得连写或分辨不清。

3) 填写用途

现金支票可填写的用途有工资、差旅费、备用金和劳务费。转账支票的用途没有具体规定。

4) 填写密码

现金支票填写完后,把票面要素按提示输入工行密码器编写密码,把生成的密码填写在支票支付密码栏即可。

5）加盖预留印章

盖上单位开户时的预留银行印鉴。

4. 支票提示付款时的填写方法

（1）填进账单，一式三联。

（2）转账支票送交银行有两种方式：①交到收款人的开户银行，收款人需要盖章背书，支票的背书栏填上收款方开户行，下栏写委托收款，并在背书框内盖上银行预留印章，即财务专用章和法人章；②若担心对方签发的是空头支票，也可以去付款方的开户银行存支票，此时支票不需要背书。

（3）现金支票直接送交签发人的开户银行，且收款人必须要背书，如果是单位在支票的背面盖上收款人财务专用章和法人章（或预留人名章），如果是个人，就填上身份证号码及发证机关，并签名。

5. 支票的样例

例如，2021 年 10 月 20 日，天津吉大卢卡设备有限公司出纳要提取现金 56 300 元，支付出差人员的差旅费。存根联企业留存，会计人员据以编制记账凭证的一种原始凭证，正联送存银行。现金支票的票样，如图 4.8 和图 4.9 所示。

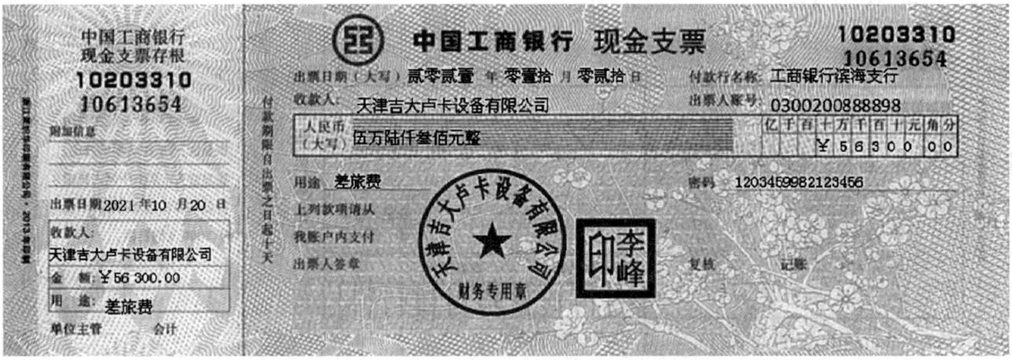

图 4.8　现金支票的正面实例图

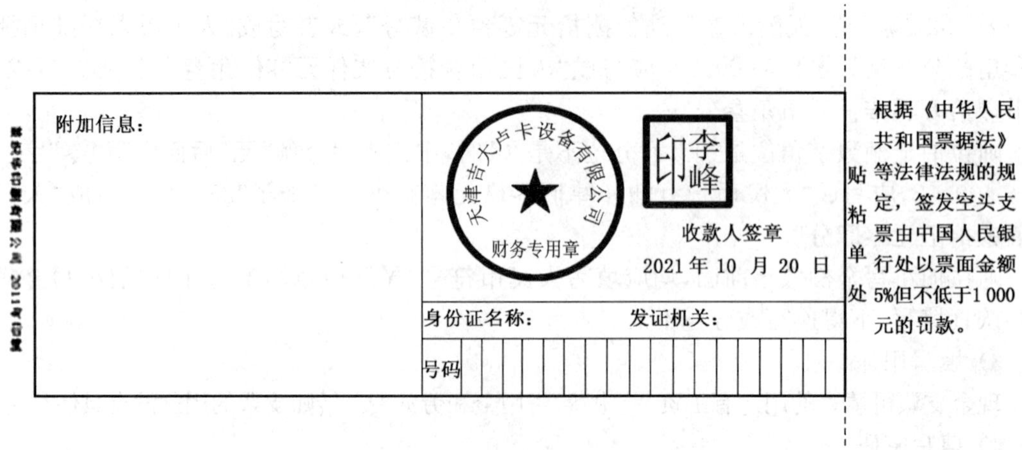

图 4.9　现金支票的背面实例图

(二) 银行汇票和银行本票

汇票包括银行汇票和商业汇票。银行汇票是出票银行签发的，由其在见票时按照实际结算金额无条件支付给收款人或者持票人的票据。出票银行为银行汇票的付款人。银行汇票可以用于转账，填明“现金”字样的银行汇票也可以用于支取现金。单位和个人各种款项结算，均可使用银行汇票。

本票是指出票人签发的，承诺自己在见票时无条件支付确定的金额给收款人或者持票人的票据。在我国，本票仅限于银行本票，即银行出票、银行付款。银行本票可以用于转账，注明“现金”字样的银行本票可以用于支取现金。单位和个人在同一票据交换区域需要支付各种款项，均可以使用银行本票。

1. 银行汇票

1）银行汇票的出票

(1) 申请。申请人使用银行汇票，应向出票银行填写银行汇票申请书，填明收款人名称、汇票金额、申请人名称和申请日期等事项并签章，签章为其预留银行的签章。申请人和收款人均为个人，需要使用银行汇票向代理付款人支取现金的，申请人须在银行汇票申请书上填明代理付款人名称，在“出票金额”栏先填写“现金”字样，后填写汇票金额。申请人或者收款人为单位的，不得在银行汇票申请书上填明“现金”字样。

(2) 签发并交付。出票银行受理银行汇票申请书，收妥款项后签发银行汇票，并将银行汇票和解讫通知一并交给申请人。签发银行汇票必须记载下列事项：表明“银行汇票”字样；无条件支付的承诺；出票金额；付款人名称；收款人名称；出票日期；出票人签章。欠缺记载上列事项之一的，银行汇票无效。

签发现金银行汇票，申请人和收款人必须均为个人，收妥申请人交存的现金后，在银行汇票“出票金额”栏先填写“现金”字样，后填写出票金额，并填写代理付款人名称。申请人或者收款人为单位的，银行不得为其签发现金银行汇票。

申请人应将银行汇票和解讫通知一并交付给汇票上记明的收款人。收款人受理银行汇票时，应审查下列事项：①银行汇票和解讫通知是否齐全、汇票号码和记载的内容是否一致；②收款人是否确为本单位或本人；③银行汇票是否在提示付款期限内；④必须记载的事项是否齐全；⑤出票人签章是否符合规定，大小写出票金额是否一致；⑥出票金额、出票日期、收款人名称是否更改，更改的其他记载事项是否由原记载人签章证明。

2）填写实际结算金额

收款人受理申请人交付的银行汇票时，应在出票金额以内，根据实际需要的款项办理结算，并将实际结算金额和多余金额准确、清晰地填入银行汇票和解讫通知的有关栏内。银行汇票的实际结算金额低于出票金额的，其多余金额由出票银行退交申请人。未填明实际结算金额和多余金额或实际结算金额超过出票金额的，银行不予受理。银行汇票的实际结算金额一经填写不得更改，更改实际结算金额的银行汇票无效。

3）银行汇票背书

被背书人受理银行汇票时，除按照收款人接受银行汇票进行相应的审查外，还应审查下列事项：

(1) 银行汇票是否记载实际结算金额，有无更改，其金额是否超过出票金额。

(2) 背书是否连续，背书人签章是否符合规定，背书使用粘单的是否按规定签章。

(3) 背书人为个人的身份证件。

银行汇票的背书转让以不超过出票金额的实际结算金额为准。未填写实际结算金额或实际结算金额超过出票金额的银行汇票不得背书转让。

4) 银行汇票的提示付款

银行汇票的提示付款期限自出票日起 1 个月。

5) 银行汇票退款和丧失

申请人因银行汇票超过付款提示期限或其他原因要求退款时,应将银行汇票和解讫通知同时提交到出票银行。申请人为单位的,应出具该单位的证明;申请人为个人的,应出具该本人的身份证件。对于代理付款银行查询的要求退款的银行汇票,应在汇票提示付款期满后方能办理退款。出票银行对于转账银行汇票的退款,只能转入原申请人账户;对于符合规定填明"现金"字样的银行汇票的退款,才能退付现金。申请人缺少解讫通知要求退款的,出票银行应于银行汇票提示付款期满 1 个月后办理。

银行汇票丧失,失票人可以凭人民法院出具的其享有票据权利的证明,向出票银行请求付款或退款。

2. 银行本票

1) 银行本票的出票

(1) 申请。申请人使用银行本票,应向银行填写银行本票申请书,填明收款人名称、申请人名称、支付金额和申请日期等事项并签章。申请人和收款人均为个人需要支取现金的应在"金额"栏先填写"现金"字样,后填写支付金额。申请人或收款人为单位的,不得申请签发现金银行本票。

(2) 受理。出票银行受理银行本票申请书,收妥款项,签发银行本票。签发银行本票必须记载下列事项:表明"银行本票"的字样;无条件支付的承诺;确定的金额;收款人名称;出票日期;出票人签章。欠缺记载上列事项之一的,银行本票无效。

用于转账的,在银行本票上划去"现金"字样;申请人和收款人均为个人需要支取现金的,在银行本票上划去"转账"字样。出票银行在银行本票上签章后交给申请人。申请人或收款人为单位的,银行不得为其签发现金银行本票。

出票银行必须具有支付本票金额的可靠资金来源,并保证支付。

(3) 交付。申请人应将银行本票交付给本票上记明的收款人。

2) 银行本票的付款

银行本票见票即付。银行本票的提示付款期限自出票日起最长不得超过 2 个月。

3) 银行本票退款和丧失

申请人因银行本票超过提示付款期限或其他原因要求退款时,应将银行本票提交到出票银行。申请人为单位的,应出具该单位的证明;申请人为个人的,应出具该本人的身份证件。出票银行对于在本行开立存款账户的申请人,只能将款项转入原申请人账户;对于现金银行本票和未在本行开立存款账户的申请人,才能退付现金。

银行本票丧失,失票人可以凭人民法院出具的其享有票据权利的证明,向出票银行请求付款或退款。

3. 银行汇(本)票申请书及票样

银行汇(本)票申请书票样,如图 4.10 至图 4.12 所示。

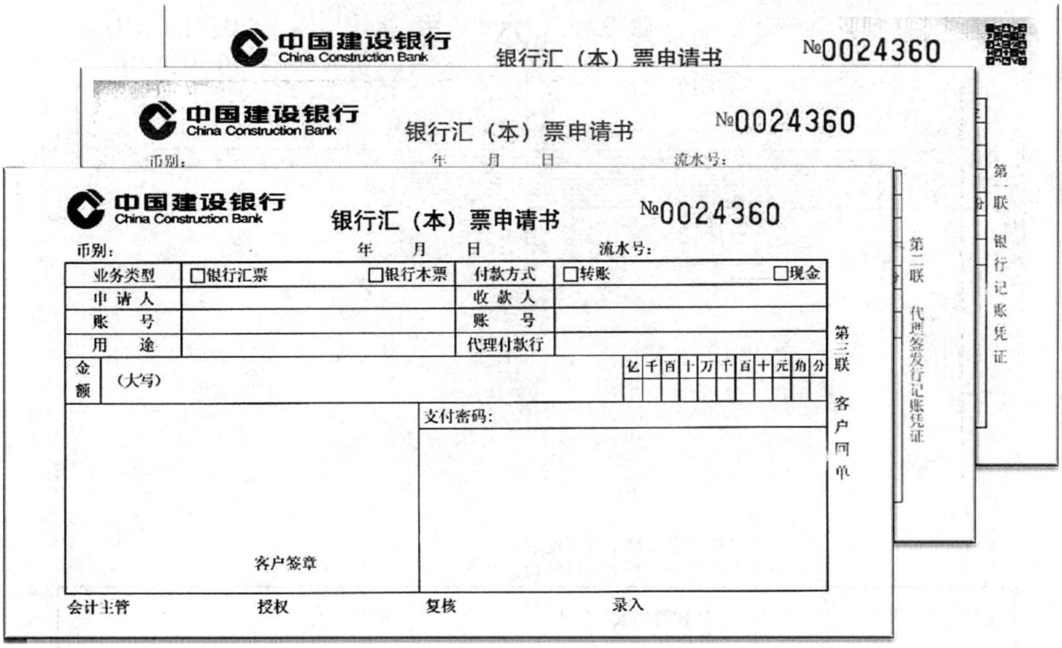
中国建设银行 China Construction Bank　银行汇（本）票申请书　№0024360

币别：　　年　月　日　　流水号：

业务类型	□银行汇票　□银行本票	付款方式	□转账　□现金
申请人		收款人	
账号		账号	
用途		代理付款行	
金额	（大写）	亿千百十万千百十元角分	
客户签章		支付密码：	

会计主管　授权　复核　录入

第三联 客户回单　第二联 代理签发行记账凭证　第一联 银行记账凭证

图 4.10　银行汇(本)票申请书

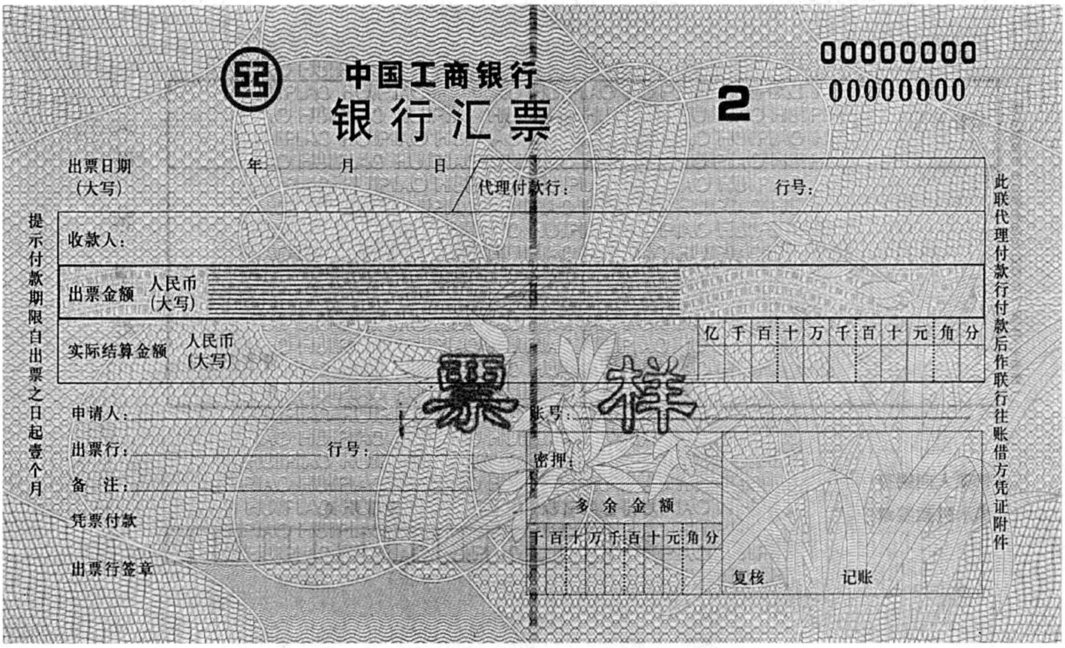
中国工商银行　银行汇票　2　00000000　00000000

出票日期（大写）　年　月　日　代理付款行：　行号：

收款人：

出票金额　人民币（大写）

实际结算金额　人民币（大写）　亿千百十万千百十元角分

申请人：　账号：

出票行：　行号：　密押：

备注：　多余金额　千百十万千百十元角分

凭票付款

出票行签章　复核　记账

提示付款期限自出票之日起壹个月

此联代理付款行付款后作联行往账借方凭证附件

票样

图 4.11　银行汇票票样

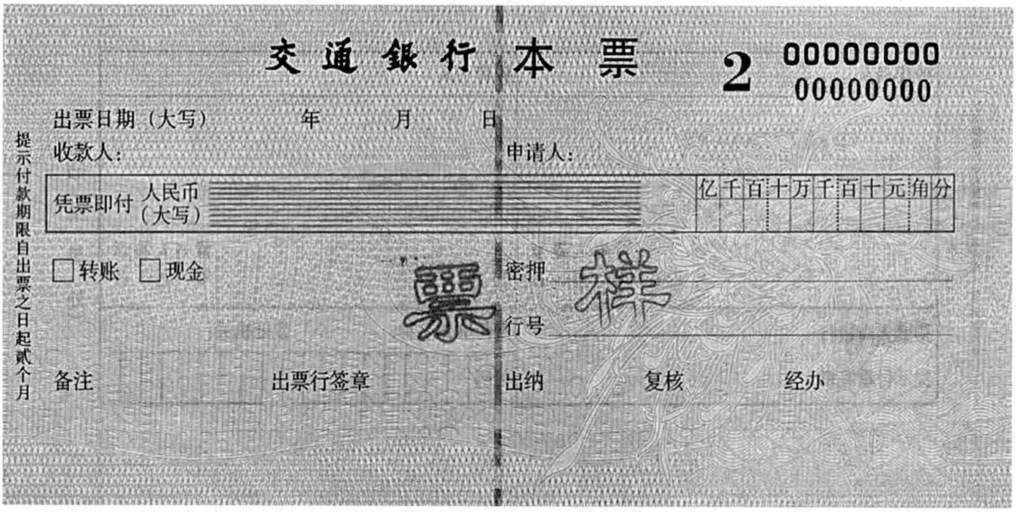
交通银行本票 2 00000000 00000000

提示付款期限自出票之日起贰个月

出票日期（大写） 年 月 日

收款人： 申请人：

凭票即付 人民币（大写） 亿 千 百 十 万 千 百 十 元 角 分

□转账 □现金 密押

票样

行号

备注 出票行签章 出纳 复核 经办

注意事项
一、本票在指定的城市范围使用。
二、本票经背书人背书可以转让。

被背书人	被背书人	被背书人
背书人签章 年 月 日	背书人签章 年 月 日	背书人签章 年 月 日

图 4.12 银行本票票样

4. 银行汇票和银行本票基本要素的基本认识

银行汇票和银行本票基本要求图，如图 4.13 和图 4.14 所示。

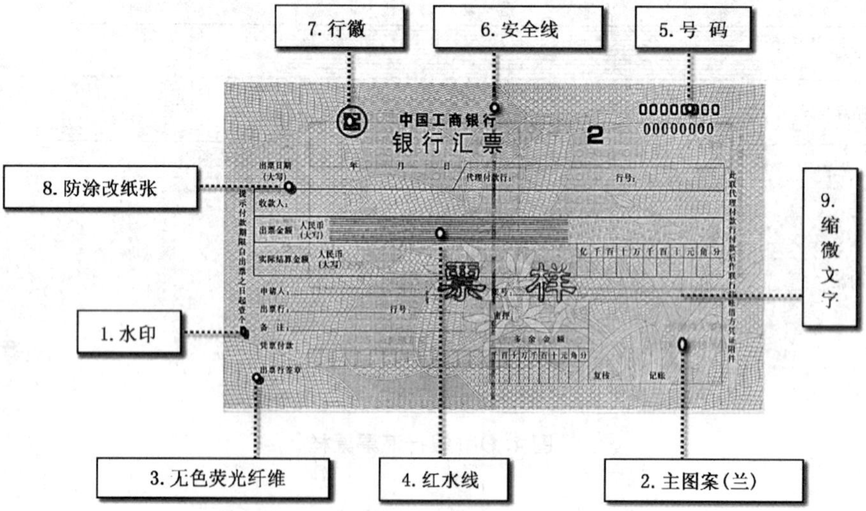

图 4.13 银行汇票基本要素图

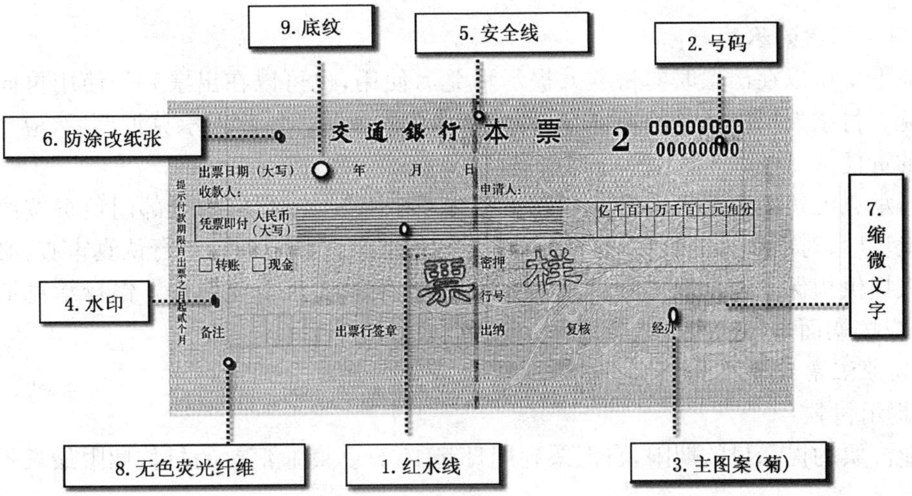

图 4.14 银行本票基本要素图

（三）商业汇票

商业汇票是出票人签发的，委托付款人在指定日期无条件支付确定的金额给收款人或者持票人的票据。商业汇票按照承兑人的不同，分为商业承兑汇票和银行承兑汇票。商业承兑汇票由银行以外的付款人承兑，银行承兑汇票由银行承兑。商业汇票的付款人为承兑人。

在银行开立存款账户的法人以及其他组织之间，必须具有真实的交易关系或债权债务关系，才能使用商业汇票。

1. 商业汇票的出票

1）出票人的资格条件

商业承兑汇票的出票人，为在银行开立存款账户的法人以及其他组织，并与付款人具有真实的委托付款关系，具有支付汇票金额的可靠资金来源。银行承兑汇票的出票人必须是在承兑银行开立存款账户的法人以及其他组织，并与承兑银行具有真实的委托付款关系，资信状况良好，具有支付汇票金额的可靠资金来源。

2）出票人的确定

商业承兑汇票可以由付款人签发并承兑，也可以由收款人签发交由付款人承兑。银行承兑汇票应由在承兑银行开立存款账户的存款人签发。

3）出票的记载事项

签发商业汇票必须记载下列事项：表明“商业承兑汇票”或“银行承兑汇票”字样；无条件支付的委托；确定的金额；付款人名称；收款人名称；出票日期；出票人签章。欠缺记载上述事项之一的，商业汇票无效。其中，“出票人签章”为该单位的财务专用章或者公章加其法定代表人或其授权的代理人的签名或者盖章。

商业汇票的付款期限记载有三种形式：定日付款的汇票，付款期限自出票日起计算，并在汇票上记载具体的到期日。出票后定期付款的汇票，付款期限自出票日起按月计算，并在汇票上记载。见票后定期付款的汇票，付款期限自承兑或拒绝承兑日起按月计算，并在汇票上记载。

2. 商业汇票的承兑

商业汇票可以在出票时向付款人提示承兑后使用，也可以在出票后先使用再向付款人提示承兑。付款人拒绝承兑的，必须出具拒绝承兑的证明。付款人承兑汇票后，应当承担到期付款的责任。

银行承兑汇票的出票人或持票人向银行提示承兑时，银行的信贷部门负责按照有关规定和审批程序，对出票人的资格、资信、购销合同和汇票记载的内容进行认真审查，必要时可由出票人提供担保。符合规定和承兑条件的，与出票人签订承兑协议。银行承兑汇票的承兑银行，应按票面金额向出票人收取5‰的手续费。

3. 商业汇票的付款

1）提示付款

商业汇票的提示付款期限，自汇票到期日起10日。商业汇票的付款期限最长不得超过6个月。

2）办理付款或拒绝付款

（1）商业承兑汇票的付款。商业承兑汇票的付款人开户银行收到通过委托收款寄来的商业承兑汇票，将商业承兑汇票留存，并及时通知付款人。付款人收到开户银行的付款通知，应在当日通知银行付款。付款人在接到通知日的次日起3日内（遇法定休假日顺延，下同）未通知银行付款的，视同付款人承诺付款。付款人提前收到由其承兑的商业汇票，应通知银行于汇票到期日付款。银行应于汇票到期日将票款划给持票人。

付款人存在合法抗辩事由拒绝支付的，应自接到通知日的次日起3日内，作成拒绝付款证明送交开户银行，银行将拒绝付款证明和商业承兑汇票邮寄持票人开户银行转交持票人。

（2）银行承兑汇票的付款。银行承兑汇票的出票人应于汇票到期前将票款足额交存其开户银行。承兑银行应在汇票到期日或到期日后的见票当日支付票款。承兑银行存在合法抗辩事由拒绝支付的，应自接到商业汇票的次日起3日内，作成拒绝付款证明，连同银行承兑汇票邮寄持票人开户银行转交持票人。

银行承兑汇票的出票人于汇票到期日未能足额交存票款时，承兑银行除凭票向持票人无条件付款外，对出票人尚未支付的汇票金额按照每天5‰计收利息。银行承兑汇票的付款人存在合法抗辩事由拒绝支付的，应自接到汇票的次日起3日内，作成拒绝付款证明，连同银行承兑汇票邮寄持票人开户银行转交持票人。

4. 商业汇票的贴现

1）贴现的概念

贴现是指票据持票人在票据未到期前为获得现金向银行贴付一定利息而发生的票据转让行为。通过贴现，贴现银行获得票据的所有权。

2）贴现的基本规定

（1）贴现的条件。商业汇票的持票人向银行办理贴现必须具备下列条件：持票人是在银行开立存款账户的企业法人以及其他组织；与出票人或者直接前手之间具有真实的商品交易关系；提供与其直接前手之间进行商品交易的增值税发票和商品发运单据复印件。

（2）贴现利息的计算。贴现的期限从其贴现之日起至汇票到期日止。实付贴现金额按票面金额扣除贴现日至汇票到期前 1 日的利息计算。承兑人在异地的，贴现的期限以及贴现利息的计算应另加 3 天的划款日期。

(3) 贴现的收款。贴现到期，贴现银行应向付款人收取票款。不获付款的贴现银行应向其前手追索票款。贴现银行追索票款时可从申请人的存款账户直接收取票款。

5. 商业汇票的票样

商业汇票的票样，如图 4.15 和图 4.16 所示。

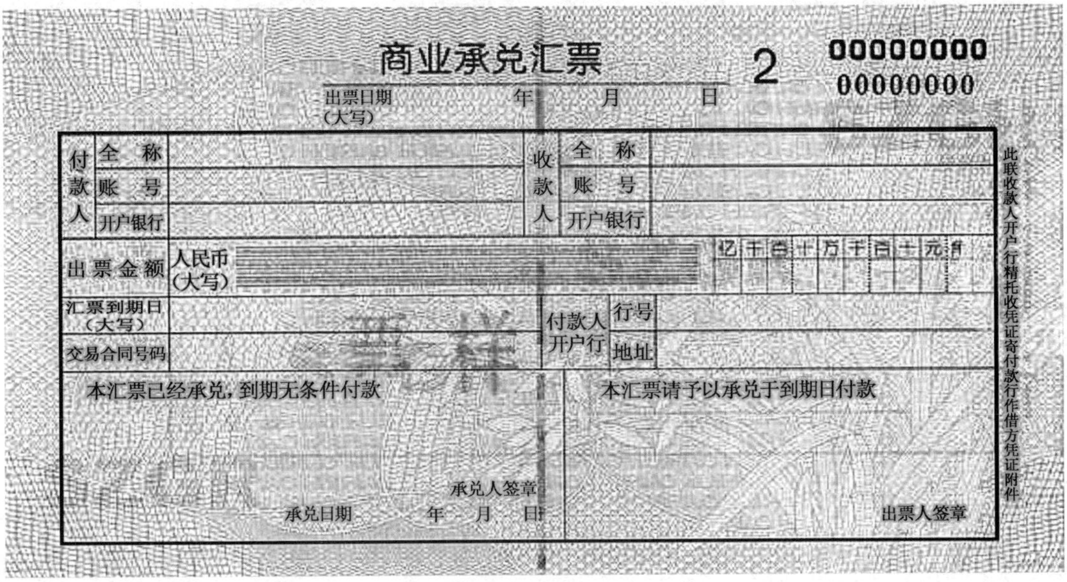

图 4.15　商业承兑汇票

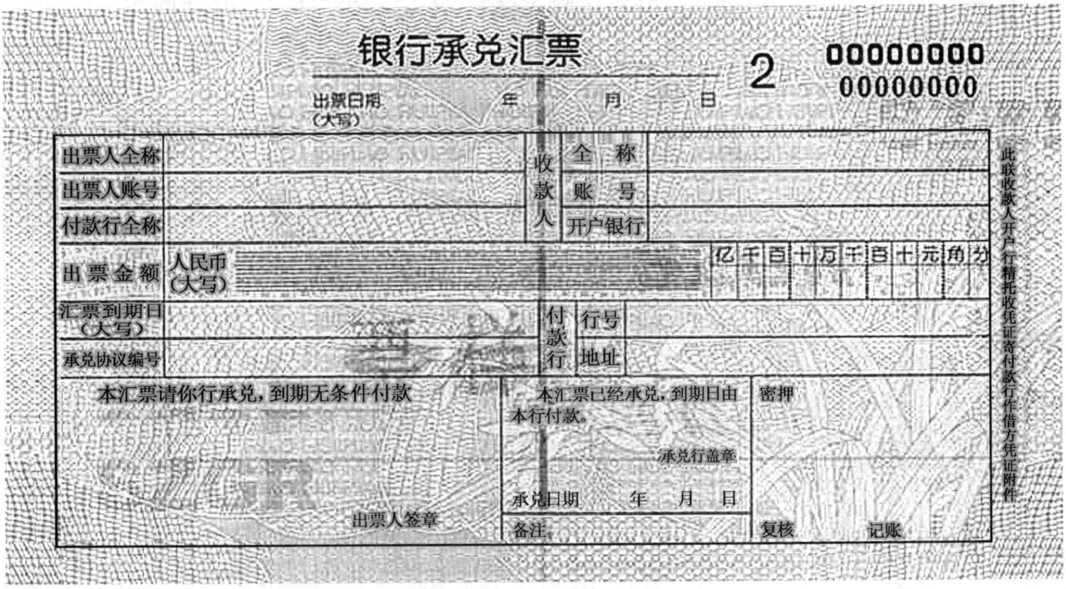

图 4.16　银行承兑汇票

6. 银行承兑汇票票面要素的基本认识

银行承兑汇票基本要素图，如图 4.17 所示。

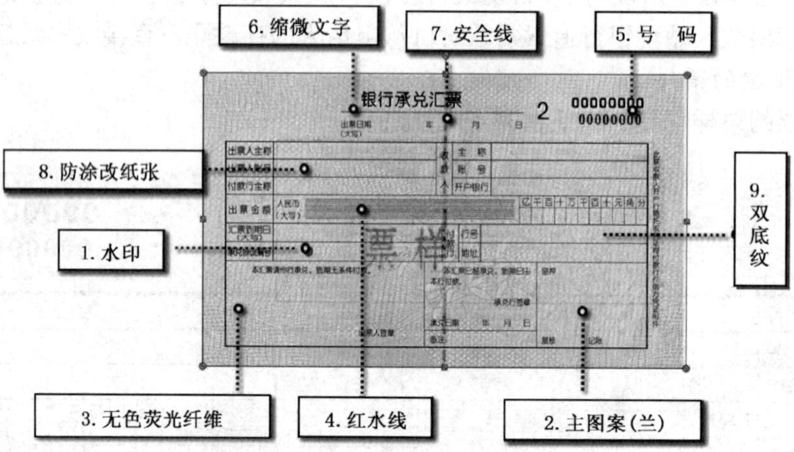

图 4.17 银行承兑汇票基本要素图

二、常用结算方式的使用

(一) 进账单

银行进账单是持票人或收款人将票据款项存入其开户银行账户的凭证，也是开户银行将票据款项记入持票人或收款人账户的凭证(一式三联)。

持票人填写银行进账单时，必须清楚地填写票据种类、票据张数、收款人名称、收款人开户银行及账号、付款人名称、付款人开户银行及账号、票据金额等栏目，并连同相关票据一并交给银行经办人员。中国工商银行进账单，如图 4.18 所示。

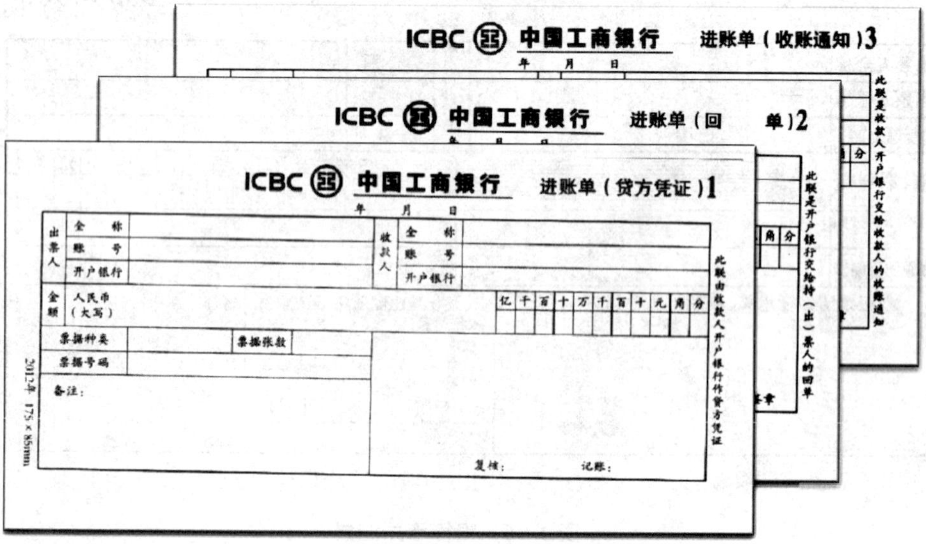

图 4.18 中国工商银行进账单

（二）托收凭证

托收凭证一式五联，分别为托收凭证受理回单联、托收凭证贷方凭证联、托收凭证借方凭证联、托收凭证汇款依据或收账通知联及托收凭证付款通知联。各银行的托收凭证样式都是统一的，只是印刷不同，因而不能通用。托收承付的相关单据，如图 4.19 和图 4.20 所示。

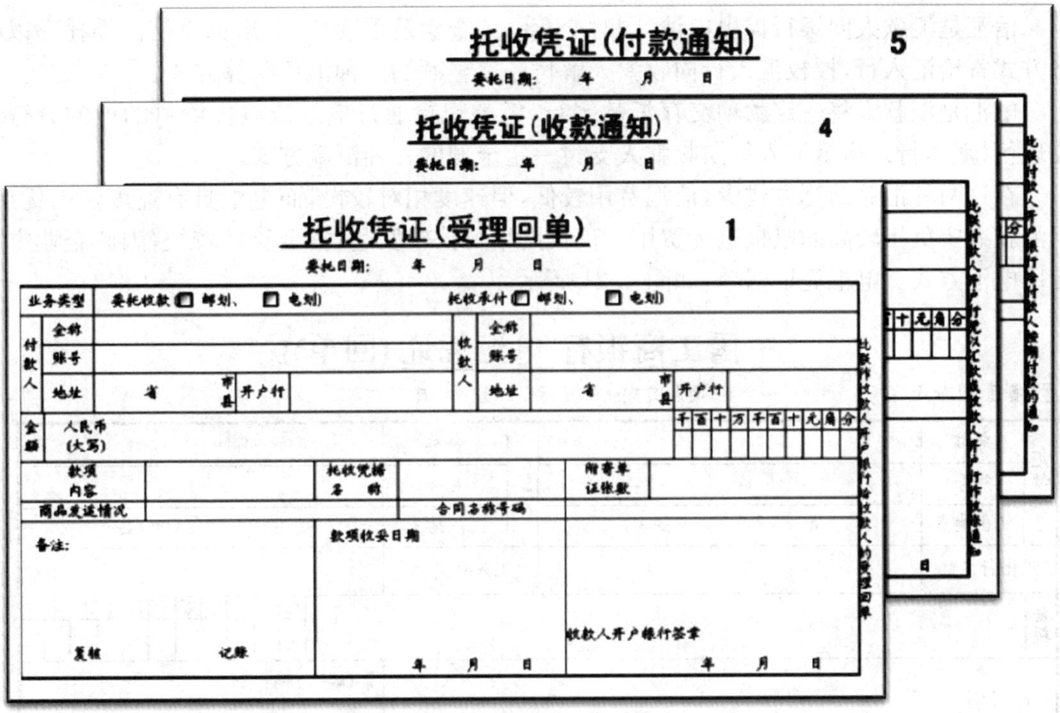
托收凭证（付款通知）　5
委托日期：　年　月　日
托收凭证（收款通知）　4
委托日期：　年　月　日
托收凭证（受理回单）　1
委托日期：　年　月　日
业务类型　委托收款（□邮划、□电划）　托收承付（□邮划、□电划）
付款人　全称　账号　地址　省　市县　开户行
收款人　全称　账号　地址　省　市县　开户行
金额　人民币（大写）　千 百 十 万 千 百 十 元 角 分
款项内容　托收凭据名称　附寄单证张数
商品发运情况　合同名称号码
备注：　款项收妥日期　收款人开户银行签章
复核　记账　年　月　日　年　月　日
此联作收款人开户银行给收款人的受理回单

图 4.19　托收承付的 1、4、5 联

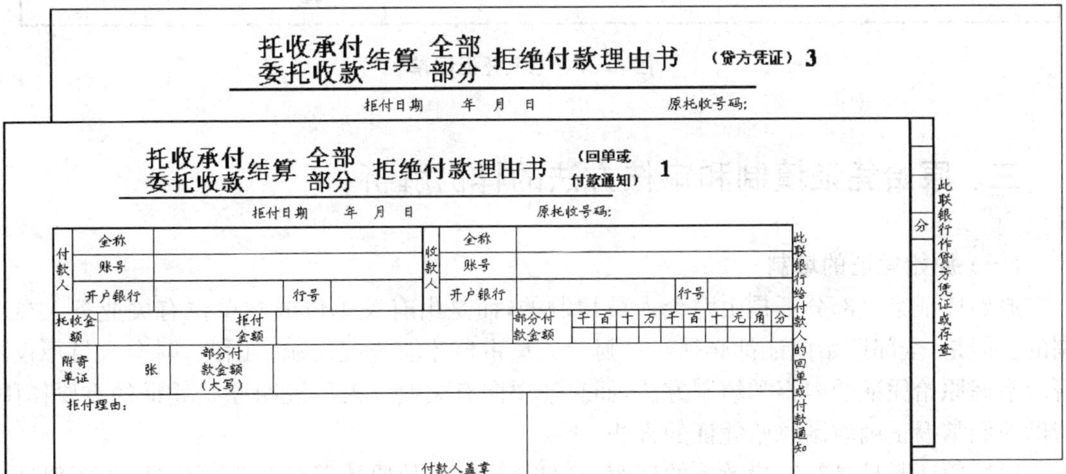
托收承付 委托收款 结算 全部 部分 拒绝付款理由书　（贷方凭证）3
拒付日期　年　月　日　原托收号码：
托收承付 委托收款 结算 全部 部分 拒绝付款理由书　（回单或付款通知）1
拒付日期　年　月　日　原托收号码：
付款人　全称　账号　开户银行　行号
收款人　全称　账号　开户银行　行号
托收金额　拒付金额　部分付款金额　千 百 十 万 千 百 十 元 角 分
附寄单证　张　部分付款金额（大写）
拒付理由：
付款人盖章
此联银行给付款人的回单或付款通知
此联银行作贷方凭证或存查

图 4.20　托收承付的全部（部分）拒付理由书

(三) 汇兑

汇兑又称汇兑结算，是指企业（汇款人）委托银行将其款项支付给收款人的结算方式。单位和个人的各种款项的结算，均可使用汇兑结算方式。这种方式便于汇款人向异地的收款人主动付款，适用范围十分广泛。

汇兑根据划转款项方法的不同以及传递方式的不同，可以分为信汇和电汇两种，由汇款人自行选择。

信汇是汇款人向银行提出申请，同时交存一定金额及手续费，汇出行将信汇委托书以邮寄方式寄给汇入行，授权汇入行向收款人解付一定金额的一种汇兑结算方式。

电汇是汇款人将一定款项交存汇款银行，汇款银行通过电报或电传给目的地的分行或代理行（汇入行），指示汇入行向收款人支付一定金额的一种汇款方式。

在这两种汇兑结算方式中，信汇费用较低，但速度相对较慢，而电汇具有速度快的优点，但汇款人要负担较高的电报电传费用。现代网络科技较发达，资金流转较快，因此企业主要使用电汇方式。电汇凭证回单，如图 4.21 所示。

中国工商银行 电汇凭证 (回单)1

☐普通 ☐加急　　　　委托日期:　　年　　月　　日

汇款人	全称		收款人	全称	
	账号			账号	
	汇出地点	省　　市/县		汇入地点	省　　市/县
汇出行名称			汇入行名称		
金额					亿 千 百 十 万 千 百 十 元 角 分
汇出行签章				票证安全码	
				附加信息及用途: 复核:　　记账:	

此联汇出行给汇款人的回单

图 4.21　电汇凭证回单

三、原始凭证填制和审核方法的样例解析

(一) 原始凭证的填制

原始凭证绝大部分不是由财会人员填制的，而是由有关单位或本单位有关业务人员填制的。但是，全部原始凭证都必须经过财会人员审核才能登记入账。因此，财会人员不仅本身应掌握原始凭证的内容和填制方法，而且还要向有关业务人员说明原始凭证的重要作用，帮助他们掌握正确填制原始凭证的方法。

原始凭证既是具有法律效力的证明，又是会计核算的原始资料和重要依据，为了保证会计核算资料的真实、正确并及时反映，应按下列要求填制原始凭证。

1. 合法性

原始凭证所反映的经济业务必须合法，符合国家有关政策、法令、规章、制度的要求，不符合以上要求的，不得列入原始凭证。

2. 记录真实

填制在原始凭证上的日期、业务内容和数字，必须真实可靠，不得任意编造，要符合有关经济业务的实际情况。

3. 内容完整

各种原始凭证的内容必须逐项填写齐全，不得遗漏，必须符合手续完备的要求，经办业务的有关部门和人员要认真审查，签名盖章。凡是填有大小写金额的原始凭证，大写与小写金额必须相符。

购买实物的原始凭证，必须有验收证明；支付款项的原始凭证，必须有收款单位和收款人的收款证明。经上级有关部门批准办理的业务，应将批准的文件作为原始凭证的附件。外来原始凭证一般由税务局等部门统一印制，或经税务部门批准由经济单位印制，在填制时加盖出具凭证单位公章方有效，对于一式多联的原始凭证必须用复写纸套写，作废时应当加盖“作废”戳记，连同存根一起保存，不得撕毁。

4. 书写格式规范

财会人员在填写原始凭证时，必须遵守以下技术规范要求：

(1) 各种凭证的书写要用蓝黑墨水，字迹必须清楚规范，易于辨认。不得使用未经国务院公布的简化字；对阿拉伯数字要逐个写清楚，不得连写；属于套写的凭证，一定要写透，不要上面清楚，下面模糊。

(2) 阿拉伯数字应逐个书写，不得连笔写。最高位前面应写人民币符号“￥”，人民币符号“￥”和阿拉伯数字之间不得留有空白，且数字后面不再写“元”字。

(3) 所有以元为单位的阿拉伯数字，除表示单价等情况外，一律填写到角分。无角分的，角位和分位可写“00”或符号“—”；有角无分的，分位应写“0”，不得用符号“—”代替。

(4) 汉字大写金额数字，一律用正楷字或行书字书写，不得任意用简化字。金额数字中间有“0”字时，如小写金额￥1 001.50，大写金额中可以只写1个“零”字，为“壹仟零壹元伍角”；大写金额中有角分的，元以下不写“整”字；大写金额前还应加注币值单位，注明“人民币”“美元”等字样。

5. 原始凭证书写

各种原始凭证不得随意涂改、刮擦、挖补，填写错误需要更正时，应用划线更正法，即将错误的文字和数字，用红色墨水划线注销，再将正确的数字和文字用蓝字写在划线部分的上面，并签字盖章。

6. 原始凭证编号

各种原始凭证必须编号，以便查考。如果已预先印定编号，在写坏作废时，应当加盖“作废”戳记，全部保存，不得撕毁。

7. 填制及时

原始凭证应在业务发生或完成时及时填制，并按规定程序及时送交财会部门，以便及时办理后续业务，进行会计审核和记账。

(二) 原始凭证的审核

为了保证会计信息的真实、正确和合法，财会部门必须对原始凭证进行认真审核。其审核主要包括以下几个方面。

1. 合法性审核

审查发生的经济业务是否符合国家的法令、政策、制度和计划的规定，有无违反财政纪律等违法乱纪行为。对于弄虚作假、营私舞弊、伪造涂改凭证等违法乱纪行为，必须及时揭露，有权拒绝接受，并向领导汇报，严肃处理。

2. 完整性审核

会计人员必须依据原始凭证的要素，逐项审查经济业务的手续是否完整，原始凭证的内容是否填写齐全，有关人员是否已签名盖章等。对手续不完备的原始凭证，应由经办人员补办手续或更正错误，才可据以入账。

3. 正确性审核

审核原始凭证的摘要是否填写清楚、正确；数量、单价和金额的计算是否正确；大写、小写金额是否一致等，原始凭证有无刮擦、涂改等现象。如发现上述情况之一的，应退还经办人员纠正后，再予以接受。

(三) 原始凭证的样例解析

原始凭证种类繁多，不同业务的原始凭证也不同，但都应具有证明业务的合法性和真实性的作用。此处不能一一论述。现以 3 月份[业务 1]的银行收款回单和该月收到的增值税专用发票的审核内容为例。

1. 银行收款回单(3 月份[业务 1])

银行收款回单，如图 4.22 所示。

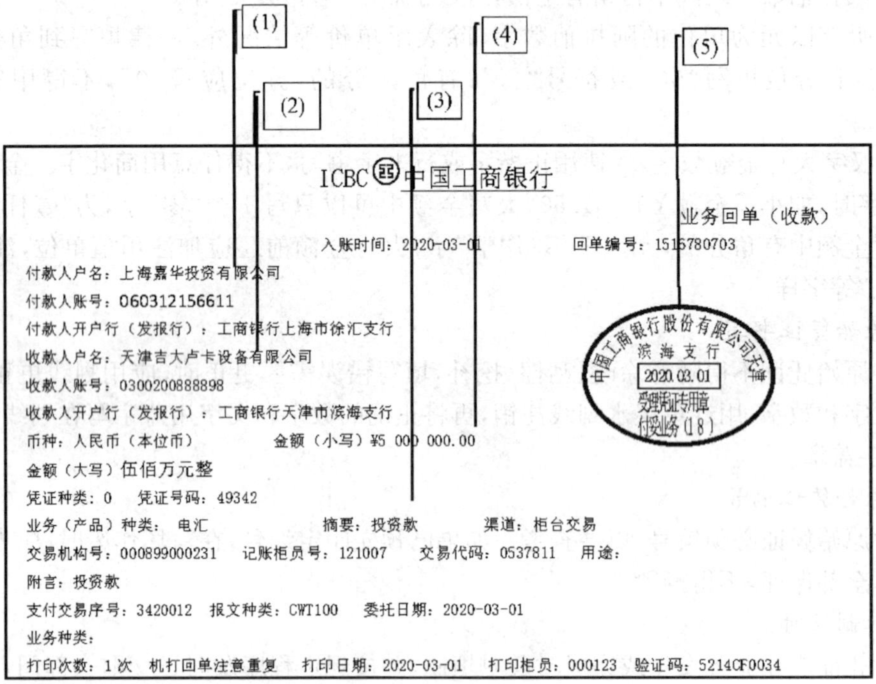

图 4.22 中国工商银行业务回单

(1) 付款人户名:"上海嘉华投资有限公司"要与协议中的投资方一致,才能证明会计分录中的"实收资本——上海嘉华投资"。

(2) 收款人户名:"天津吉大卢卡设备有限公司",必须是本公司名称,才能作为本公司的原始凭证。同时与协议中的被投资方一致。

(3) 摘要必须写明"投资款"字样,才能通过会计师事务所的验证,作为投资业务,记入"实收资本"。

(4) 金额大小写要一致,与协议相符。

(5) 银行收款回单必须加盖银行收款的业务章。

2. 增值税专用发票样式

增值税发票的版本样式较多,不同行业、不同地区发票样式和联次都会不同,而增值税专用发票的样式全国统一,下面是三种不同加密方式的增值税专用发票的发票联和其中一种增值税专用发票的抵扣联,如图 4.23 至图 4.26 所示。

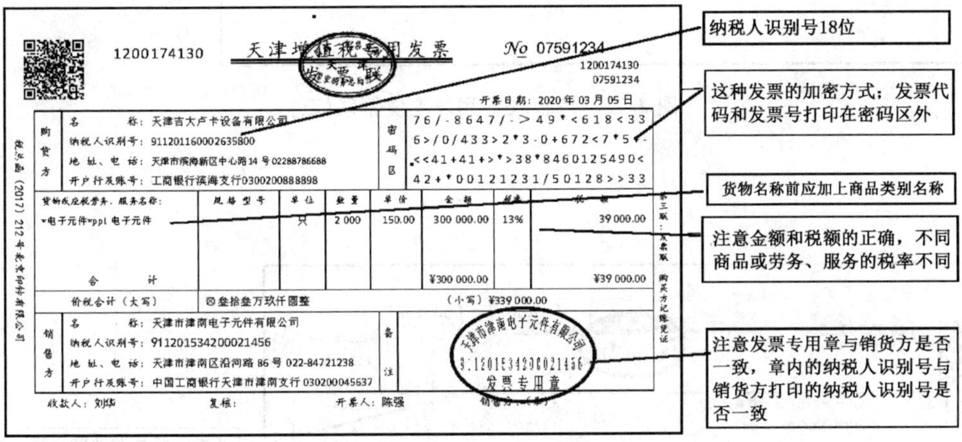

图 4.23　增值税专用发票发票联(一)

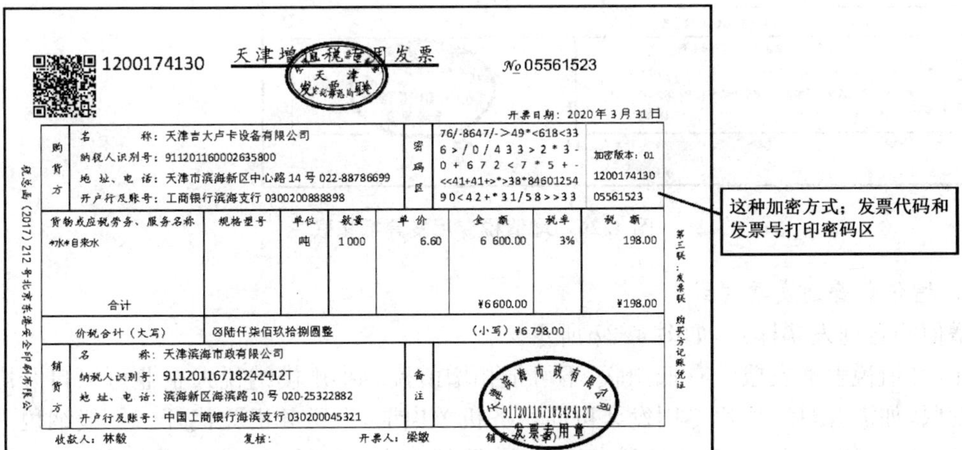

图 4.24　增值税专用发票发票联(二)

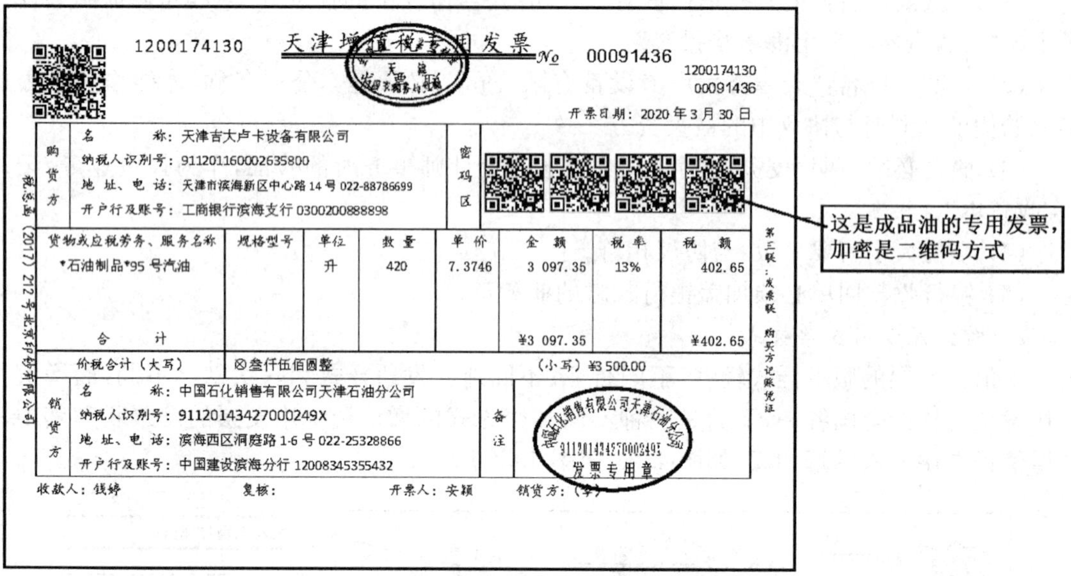

1200174130 天津增值税专用发票 №00091436

1200174130
00091436

开票日期：2020年3月30日

购货方	名称：天津吉大卢卡设备有限公司 纳税人识别号：911201160002635800 地址、电话：天津市滨海新区中心路14号 022-88786699 开户行及账号：工商银行滨海支行 0300200888898			密码区			
货物或应税劳务、服务名称	规格型号	单位	数量	单价	金额	税率	税额
*石油制品*95号汽油		升	420	7.3746	3 097.35	13%	402.65
合计					¥3 097.35		¥402.65
价税合计（大写）	⊗叁仟伍佰圆整				（小写）¥3 500.00		
销货方	名称：中国石化销售有限公司天津石油分公司 纳税人识别号：91120143427000249X 地址、电话：滨海西区洞庭路1-6号 022-25328866 开户行及账号：中国建设滨海分行 12008345355432			备注	中国石化销售有限公司天津石油分公司 91120143427000249X 发票专用章		

收款人：钱婷　复核：　开票人：安颖　销货方：（章）

税总函〔2017〕212号北京印钞有限公司

第三联：发票联 购买方记账凭证

图4.25　增值税专用发票发票联(三)

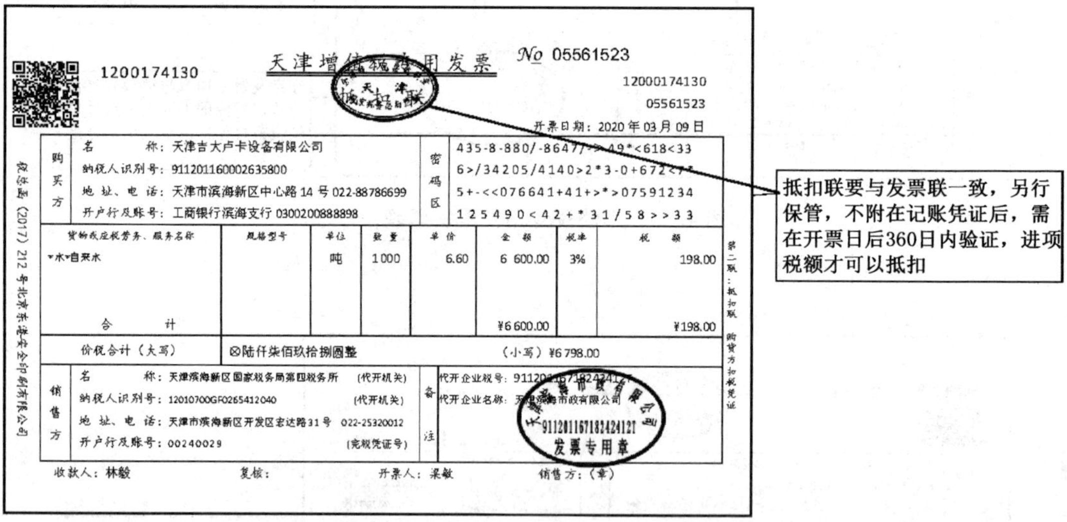

1200174130 天津增值税专用发票 №05561523

12000174130
05561523

开票日期：2020年03月09日

购买方	名称：天津吉大卢卡设备有限公司 纳税人识别号：911201160002635800 地址、电话：天津市滨海新区中心路14号 022-88786699 开户行及账号：工商银行滨海支行 0300200888898			密码区	435-8-880/-8647/>>49*<618<33 6>/34205/4140>2*3-0+672<7* 5+-<<076641+41+>*>07591234 125490<42+*31/58>>33		
货物或应税劳务、服务名称	规格型号	单位	数量	单价	金额	税率	税额
*水*自来水		吨	1000	6.60	6 600.00	3%	198.00
合计					¥6 600.00		¥198.00
价税合计（大写）	⊗陆仟柒佰玖拾捌圆整				（小写）¥6 798.00		
销售方	名称：天津滨海新区国家税务局第四税务所（代开机关） 纳税人识别号：12010700GF0265412040（代开机关） 地址、电话：天津市滨海新区开发区宏达路31号 022-25320012 开户行及账号：00240029（完税凭证号）			备注	代开企业税号：91120116718242412 代开企业名称：天津滨海市政有限公司 911201167182424127 发票专用章		

收款人：林毅　复核：　开票人：梁敏　销售方：（章）

税总函〔2017〕212号北京东港安全印刷有限公司

第二联：抵扣联 购货方扣税凭证

图4.26　增值税专用发票抵扣联

3. 增值税普通发票样式

增值税普通发票样式，如图4.27所示。

注：增值税普通发票没有抵扣联，不可抵扣增值税。小规模纳税人企业可以自开增值税普通发票，如需开具增值税专用发票可向税务机关申请，由税务机关代开。一般纳税人企业可以自开增值税专用发票和增值税普通发票，购货方为一般纳税人的开具增值税专用发票，购货方不具备一般纳税人资格的开具增值税普通发票。

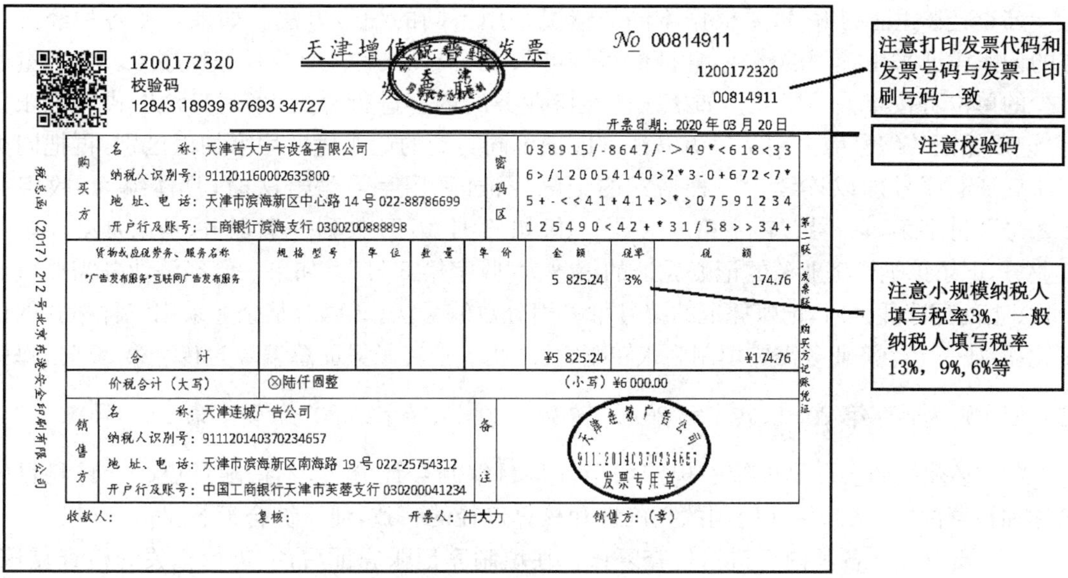
天津增值税普通发票
发票联
№ 00814911
1200172320
校验码
12843 18939 87693 34727
1200172320
00814911
开票日期：2020 年 03 月 20 日

购买方	名　　称：天津吉大卢卡设备有限公司 纳税人识别号：91120116000263580O 地 址、电 话：天津市滨海新区中心路 14 号 022-88786699 开户行及账号：工商银行滨海支行 0300200888898	密码区	038915/-8647/->49*<618<33 6>/120054140>2*3-0+672<7* 5+-<<41+41+>*>07591234 125490<42+*31/58>>34+

货物或应税劳务、服务名称	规格型号	单位	数量	单价	金额	税率	税额
*广告发布服务*互联网广告发布服务					5 825.24	3%	174.76
合　　计					¥5 825.24		¥174.76
价税合计（大写）	⊗陆仟圆整				（小写）¥6 000.00		

销售方	名　　称：天津连城广告公司 纳税人识别号：911120140370234657 地 址、电 话：天津市滨海新区南海路 19 号 022-25754312 开户行及账号：中国工商银行天津市芙蓉支行 030200041234	备注	天津连城广告公司 911120140370234657 发票专用章

收款人：　复核：　开票人：牛大力　销售方：（章）

税总函（2017）212 号北京东港安全印刷有限公司

第二联：发票联　购买方记账凭证

注意打印发票代码和发票号码与发票上印刷号码一致

注意校验码

注意小规模纳税人填写税率3%，一般纳税人填写税率13%，9%，6%等

图 4.27　增值税普通发票发票联

四、记账凭证编制方法的样例解析

（一）记账凭证的填制

填制记账凭证，是会计核算工作的重要环节，是对原始凭证的整理和分类，并按照复式记账的要求，运用会计科目，确定会计分录，作为登记账簿的依据。如果说，会计人员对原始凭证注重审核，那么，对记账凭证则注重填制。填制记账凭证，除了必须按照上述原始凭证的填制要求填制外，还应按照以下具体要求填制：

（1）填制记账凭证的依据，必须是经审核无误的原始凭证或汇总原始凭证。

（2）正确、简要地填写摘要，一级科目、二级科目或明细科目，账户的对应关系、金额都应正确无误。一般应采用一借一贷、一借多贷或多借一贷的会计分录，因为这种会计分录账户对应关系清晰，便于检查分析。对于多借多贷的会计分录，一般不宜多用，因为这类会计分录的账户对应关系模糊，不便于分析经济业务内容。

（3）记账凭证的日期。收付款业务因为要登入当天的日记账，记账凭证的日期应是货币资金收付的实际日期，但是与原始凭证所记的日期不一定一致。转账凭证以收到原始凭证的日期为准，但在摘要栏要注明经济业务发生的实际日期。对于月末结转的业务，按当月最后一天的日期填制。

（4）记账凭证上应注明所附的原始凭证张数，且附件数量要求完整，以便检查核实。如果根据同一原始凭证填制多张记账凭证时，则应把原始凭证附在一张主要的记账凭证后，在未附原始凭证的记账凭证上注明“附件××张，见第××号记账凭证”。如果一张原始凭证所列支出需要几个单位共同负担的，应将其他单位负担的部分，开给对方原始凭证分割单，进行结算。如果原始凭证需要另行保管时，则应在附件栏目内加以说明，但更正错账和结账的记账凭证可以不附原始凭证。

(5) 记账凭证的编号,要根据不同的情况采用不同的编号方法。如果企业各种经济业务的记账凭证采用统一的格式,凭证的编号可采用顺序编号法,即按月编顺序号。业务量非常少的单位可按年编顺序号。如果按照经济业务的内容进行分类,采用三种格式的记账凭证,记账凭证的编号应采用字号编号法。即把不同类型的记账凭证用字加以区别,再把同类记账凭证顺序号加以连续。三种格式的记账凭证,采用字号编号法时,具体编为"收字第××号""付字第××号""转字第××号"。例如,3 月 15 日收到一笔现金,是该月第 5 笔收款业务,记录该笔经济业务的记账凭证的编号为"收字第 5 号"。如果一笔经济业务需要填制 1 张以上的记账凭证时,记账凭证的编号可采用分数编号法。例如,某企业采用三种格式的记账凭证,某一笔经济业务需要填制 5 张转账凭证,此 5 张转账凭证总编号为转字第 20 号,每张编号依次则为转字第 $20\frac{1}{5}$、转字第 $20\frac{2}{5}$、转字第 $20\frac{3}{5}$、转字第 $20\frac{4}{5}$、转字第 $20\frac{5}{5}$号。

(6) 必须按照会计制度统一规定的会计科目编制会计分录,不得随意更改会计科目的名称和核算内容,从而保证使用的正确性和核算口径的一致,便于综合汇总。

(7) 要对凭证各项内容进行检查复核。在填制完记账凭证后,应进行相关的检查复核,比如应加计所附原始凭证的合计数,检查借贷方及总账科目与二级或其他明细科目的金额是否平衡;有关人员是否签名盖章;出纳人员在做完相关事项的处理后,是否在凭证上加盖"收讫"或"付讫"戳记等,防止差错。

(8) 填制凭证时,若发生错误,应当重新填制,并将错误凭证作废。已经登记入账的记账凭证,在当年内发现填写错误的应用红字更正法进行更正。如果会计科目没有错误,只是金额错误,也可以将正确数字与错误数字之间的差额,另编一张调整记账凭证。若发现以前年度的记账凭证有错误时,应用蓝字填制一张更正的记账凭证。

(9) 目前许多单位实行会计电算化,其机制的记账凭证应当符合对记账凭证的一般要求,会计人员应认真审核,保证会计科目使用正确,数字准确无误。打印出来的机制记账凭证也须加盖制单人员、审核人员、记账人员和会计主管人员的印章或签字,便于明确责任。

(二) 记账凭证的审核

为了确保账簿记录的正确性和监督经济业务,除了编制记账凭证的人员应当认真负责、正确填制、加强自审以外,同时还应建立专人审核制度。如前所述,记账凭证是根据审核后的合法的原始凭证填制而成的。因此,记账凭证的审核,除了要对原始凭证进行复审外,还应注意以下几点:

(1) 审核记账凭证所附的原始凭证是否齐全,两者内容是否相符,金额与原始凭证的金额或合计数是否一致。

(2) 审核记账凭证中,应借、应贷科目是否正确,账户对应关系是否清晰,所使用的会计科目及其核算内容是否符合会计制度的规定,金额计算是否准确,摘要是否填写清楚,项目填写是否齐全,如日期、凭证编号、二级和明细会计科目、附件张数以及有关人员签章等。

(3) 实行会计电算化的单位,对于机制的记账凭证,要认真审核,做到会计科目使用正确,数字准确。打印出来的机制记账凭证,也须加盖制单人员、审核人员、记账人员和会计主管人员的印章或签字。

在审核过程中,如果发现差错,应查明原因,按规定及时加以更正。只有经过审核无误的记账凭证,才能据以登记账簿。根据《会计法》规定,任何单位和个人不得伪造、变造会计凭证。对于伪造、变造会计凭证，授意、指使、强令会计机构、会计人员及其他人员伪造、变造会计凭证的，都应承担相应的法律责任。

（三）记账凭证的样例解析

本案例可以采用收付转记账凭证，也可以采用通用记账凭证。

［业务 1］解析：财务人员接收到投资协议书 1 份和银行收款回单 1 张。将投资协议书正本复印，专门档保管，投资协议书复印件和银行收款回单附在凭证后面。

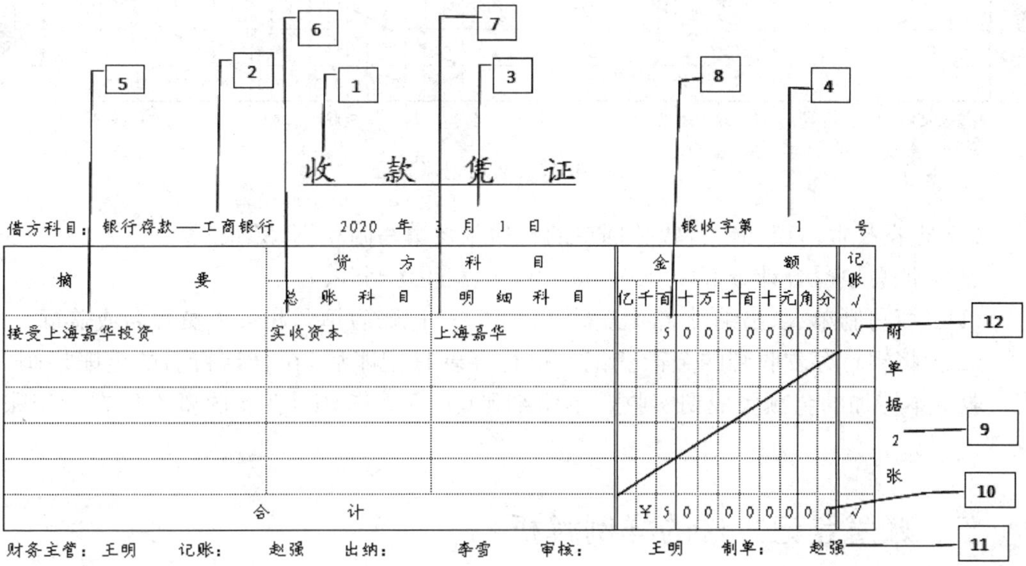

图 4.28　记账凭证分析图

（1）通过银行收款回单，选择收款凭证（见图 4.28）。

（2）通过银行收款回单，判断本公司中国工商银行存款增加，填制借方科目：银行存款——工商银行。

（3）根据投资协议和银行收款回单上的日期，以时间靠后的日期为准。

（4）根据凭证编号单（或上一张银行收款凭证号）连续编制，本例是第一张，填“银收”和“1”。

提示：企业可根据自身特点、人员分工等，选择适合本企业的记账凭证类别，常用的如：①收款凭证、付款凭证和转账凭证；②现金收款凭证、银行收款凭证、现金付款凭证、银行付款凭证和转账凭证；③通用记账凭证等。采用方法①的，要将现金和银行存款增加的凭证合并连续编号，本例要填写“收”字“1”号；采用方法②的，要将现金和银行存款增加的凭证分别单独编号，本例要填写“银收”字“1”号；采用方法③的，要将所有凭证连续编号，本例要填写“记”字“1”号，见图 4.29 所示。

（5）根据投资协议和银行收款回单上的事项，简明写出摘要。

（6）投资协议书证明实收资本增加，填制总账科目“实收资本”。

（7）根据投资协议和银行收款回单上的投资人填制明细科目“上海嘉华”。

（8）根据投资协议和银行收款回单上的大小写金额填制金额“5 000 000”，此处不需用¥封住。

记 账 凭 证

2020 年 3 月 1 日　　　　记字第 1 号

摘要	会计科目		借方金额	贷方金额	记账
	总账科目	明细科目	亿千百十万千百十元角分	亿千百十万千百十元角分	√
接受上海嘉华投资	银行存款	工商银行	500000000		√
	实收资本	上海嘉华		500000000	√
合计			¥500000000	¥500000000	√

附单据 2 张

财务主管：王明　记账：赵强　出纳：李雪　审核：王明　制单：赵强

图 4.29　通用记账凭证

(9) 根据投资协议和银行收款回单的自然张数填写附单据“2”张。

(10) 汇总填写合计金额“5 000 000.00”，注意用¥封住。

(11) 填写制单人、出纳姓名或盖章，后续审核、记账后填写相关人员姓名或盖章。

(12) 将银行存款收到的金额登记入银行存款日记账后，在合计行后的记账栏画“√”。将实收资本增加的金额登记到实收资本明细账(上海嘉华)中，在实收资本所在行记账栏画“√”。

五、账簿登记方法的样例解析

各种账簿样式及填制方法举例如下所述。

(一) 银行存款日记账账簿的登记

根据记账凭证([业务 1]的银收 1 号)登记银行存款日记账，如图 4.30 所示。

银行存款日记账

户名：工商银行　0300200888898

2020年 月	日	记账凭证 类别	号数	结算方式 类别	号数	摘要	借方金额 亿千百十万千百十元角分	√	贷方金额 亿千百十万千百十元角分	√	余额 亿千百十万千百十元角分
3	1					期初余额					50000000
	1	银收	1			接受上海嘉华投资	500000000				

图 4.30　银行存款日记账账页

(二) 现金日记账账簿的登记

登记现金日记账，如图 4.31 所示。

现金日记账

2020年 月	日	记账凭证 类别	号数	摘要	对应科目	借方金额	√	贷方金额	√	余额
3	1			期初余额						7000000
	2	现付	1	存现	银行存款			5000000		2000000
	2			本日合计				5000000		2000000
	3	现付	2	购办公用品	管理费用			100000		1900000
				本日合计				100000		1900000

图 4.31　现金日记账账页

(三) 三栏式账簿的登记

登记三栏式账簿，如图 4.32 所示。

实收资本

户名：上海嘉华投资有限公司　　　　总第　　页　分第　　页

2020年 月	日	记账凭证 类别	号数	摘要	对应科目	借方金额	√	贷方金额	√	借或贷	余额
3	1			期初余额						贷	1000000000
	1	银收	1	接受上海嘉华投资	银行存款			500000000		贷	600000000

图 4.32　三栏式账页

(四) 多栏式账簿的登记

登记多栏式账簿，如图 4.33 所示。

本账页数	
本户页数	

管理费用　　明细账

科目名称：

2020年 月	日	记账凭证 类别	号数	摘要	借方金额	贷方金额	余额	借方 办公费	借方 维修费	借方 差旅费	借方 （续）
12	3	现付	2	购办公用品	100000			100000			
	25	银付	18	支付设备修理费	200000				200000		
	28	转	7	报销差旅费	247000					247000	

图 4.33　多栏式账页

（五）数量金额式账簿的登记

登记数量金额式账簿，如图 4.34 所示。

原材料——配件

货号：＿＿＿＿ 品名：PP1电子配件 计量单位：只 备注：＿＿＿＿ 总第 页 分第 页

2020年 月	日	记账凭证 类别	号数	摘要	借方 数量	借方 单价	借方 金额	√	贷方 数量	贷方 单价	贷方 金额	√	结存 数量	结存 单价	结存 余额
3	1			期初余额									1 000	162.00	162000.00
	7	银付	3	向津南电子购入材料	2 000	150.00	300000.00								

图 4.34 数量金额式账页

（六）生产成本明细账账簿的登记

登记生产成本明细账账簿，如图 4.35 所示。

本账页数	
本户页数	

生产成本 明细账

科目名称： Z230-5烤箱

2020年 月	日	记账凭证 类别	号数	摘要	借方金额	贷方金额	余额	借方分析 直接材料	借方分析 直接人工	借方分析 制造费用
3	1			月初在产品			444000.00	400000.00	40000.00	4000.00
	31	转	8	计提工资	160000.00				160000.00	
	31	转	13	领料	549110.00			549110.00		
	31	转	17	分配制造费用	23638.05					23638.05
				本月合计	732748.05			549110.00	160000.00	23638.05
				本月累计			1176748.05	949110.00	200000.00	27638.05
	31	转	18	完工入库		954748.05	222000.00	749110.00	180000.00	25638.05
				月末在产品			222000.00	200000.00	20000.00	2000.00

完工入库借方分析中用红字，表示借方负数

图 4.35 生产成本专用账页

（七）固定资产专用账簿的登记

登记固定资产专用账簿，如图 4.36 所示。

固定资产明细账

编　号	101	使用年限	20年	折旧率　年%	4.7500	月%	0.395833182
名　称	厂房	开始使用日期	2019.07.01	折旧额　年	104500	月	8709.33
规　格		部门		预计残值	5%		

停止使用日期	回复使用日期

2020年 月	日	记账凭证 类别	号数	摘　　要	数量	原值 借方（亿千百十万千百十元角分）	原值 贷方（亿千百十万千百十元角分）	√	折旧 借方（亿千百十万千百十元角分）	折旧 贷方（亿千百十万千百十元角分）	√	净　值
3	1			期初余额		220000000				6095800		2139041.67
	31	转	11	计提折旧						870833		2130333.34

图 4.36　固定资产专用明细账页

(八) 应交税费——应交增值税专用账簿的登记

登记应交税费——应交增值税专用账簿，如图 4.37 和图 4.38 所示。

本账页数	
本户页数	

应交增值税　明细账

2020年 月	日	记账凭证 类别	号数	摘　　要	借方 合计（百十万千百十元角分）	借方 进项税额（百十万千百十元角分）	借方 已交税金（百十万千百十元角分）	借方 减免税款（百十万千百十元角分）	借方 出口抵减内销产品应纳税额（百十万千百十元角分）	借方 转出未交增值税（百十万千百十元角分）
3	6	银付	2	购置Z460-3生产线	39000000	39000000				
	7	银付	3	向津南电子购原料	3900000	3000000				
	7	银收	3	销货						

图 4.37　应交税费专用明细账页

应交增值税　明细账（续）

贷方 合计（百十万千百十元角分）	贷方 销项税额（百十万千百十元角分）	贷方 出口退税（百十万千百十元角分）	贷方 进项税额转出（百十万千百十元角分）	贷方 转出多交增值税（百十万千百十元角分）	贷方（百十万千百十元角分）	借或贷	余额（百十万千百十元角分）
15600000	15600000						

图 4.38　应交税费专用明细账页(续)

(九) 总账账簿的登记

1. “T”字形账户的登记

根据记账凭证的借方一级科目登记相应“T”字形账户的借方(左边)，根据记账凭证的贷方一级科目登记相应的“T”字形账户的贷方(右边)，如图 4.39 所示。

收　款　凭　证

借方科目：银行存款——工商银行　　2020 年 3 月 1 日　　银收字第 1 号

摘要	贷方科目：总账科目	贷方科目：明细科目	金额（亿千百十万千百十元角分）	记账√
接受上海嘉华投资	实收资本	上海嘉华	5 0 0 0 0 0 0 0 0	√
合　　计			¥ 5 0 0 0 0 0 0 0 0	√

附单据 2 张

财务主管：王明　记账：赵强　出纳：李雪　审核：王明　制单：赵强

银行存款	
5 000 000.00	

实收资本	
	5 000 000.00

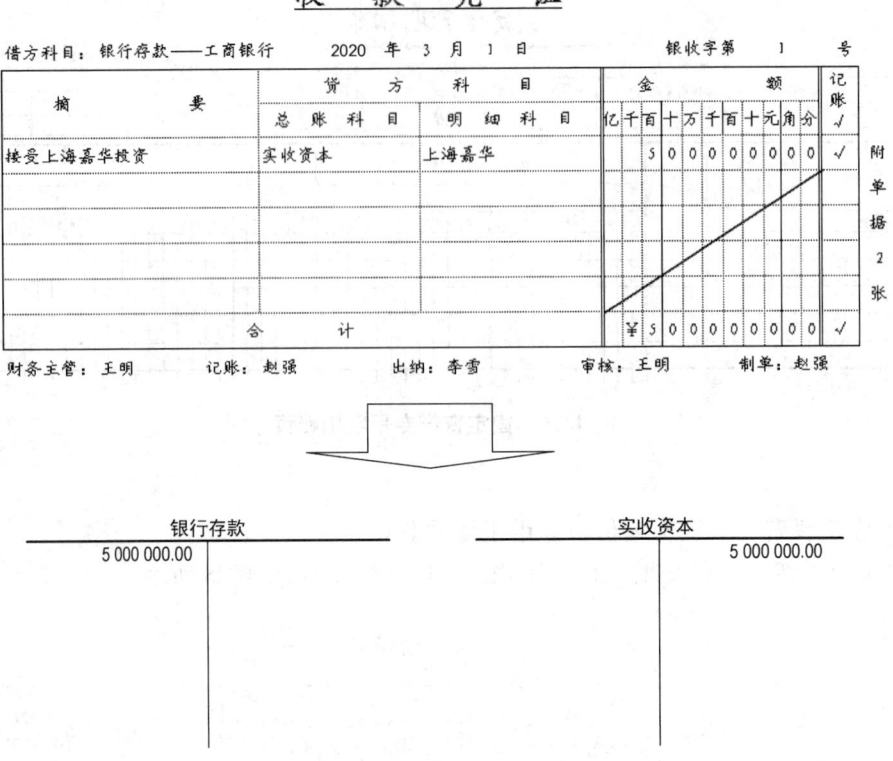

图 4.39 “T”字形账户编制图

2. 科目汇总表的编制

将“T”字形账户的借方和贷方发生额合计，登记到相应的科目汇总表中，如图 4.40 所示。

银行存款	
5 000 000.00	
4 000 000.00	
	2 700.00
50 000.00	
	3 390 000.00
1 356 000.00	
	339 000.00
	19 135.00
	10 680.00
	1 485.41
	464 142.16
	300 000.00
	10.00
	2 180.00
	8 000.00
	1 040.00
	1 042.79
108 480.00	
400 000.00	
	300 000.00
10 914 480.00	4 839 415.36

库存现金	
	50 000.00
	1 000.00
464 142.16	
	464 142.16
	5 000.00
	2 000.00
464 142.16	522 142.16

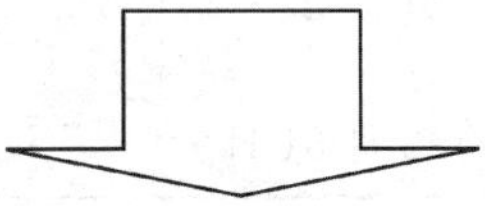

科 目 汇 总 表

科汇表 1 号

2020年3月1-15日（凭证号：　　）

序号	科目名称	借方金额合计	贷方金额合计	序号	科目名称	借方金额合计	贷方金额合计
1	库存现金	464 142.16	522 142.16	13	预收账款	-	108 480.00
2	银行存款	10 914 480.00	4 839 415.36	14	应付职工薪酬	495 692.06	-
3	其他货币资金	300 000.00	-	15	应交税费	465 262.79	542 545.07
4	应收票据	500 000.00	-	16	其他应付款	1 700.00	-
5	应收账款	3 356 100.00	900 000.00	17	实收资本	-	5 000 000.00
6	预付账款	2 700.00	-	18	制造费用	2 000.00	-
7	其他应收款	5 000.00	-	19	主营业务收入	-	4 160 000.00
8	在途物资	202 000.00	202 000.00	20	其他业务收入	-	10 000.00
9	原材料	502 000.00	-	21	营业外收入	-	1 504.42
10	固定资产	3 000 000.00	-	22	管理费用	1 000.00	-
11	短期借款	-	4 000 000.00	23	财务费用	10.00	-
12	应付账款	300 000.00	226 000.00	合计		20 512 087.01	20 512 087.01

图 4.40　科目汇总表编制图

3. 总账的编制

根据科目汇总表的借方和贷方数字，登记到相应总账中，如图 4.41 所示。

库存现金

2020年		记账凭证		摘要	借方金额（亿千百十万千百十元角分）	√	贷方金额（亿千百十万千百十元角分）	√	借或贷	余额（亿千百十万千百十元角分）
月	日	类别	号数							
3	1			期初余额（上年结转）					借	7000000
	15	科汇	1	1-15汇总	46414216		52214216		借	1200000

图 4.41　库存现金总账

六、报表编制的样例解析

（一）资产负债表

1. 期初余额的编制

月度资产负债表的金额由期末余额和期初余额组成。本年度 1 月份的资产负债表期初余额根据上一年度的资产负债表期末余额填写，2 至 12 月份的资产负债表的期初余额根据上一个月份的期末余额填列。

年度财务报表中资产负债表的金额由期末余额和年初余额组成，年初金额根据上一年度的期末余额填列，如表 4.1 所示。

表 4.1 **资产负债表**

会企 01 表

编制单位：天津吉大卢卡设备有限公司　　20××年 3 月 31 日　　单位：人民币元

资　　产	行次	期末余额	期初余额	负债和所有者权益（或股东权益）	行次	期末余额	期初余额
流动资产：				流动负债：			
货币资金	1	6 950 662.24	670 000.00	短期借款	35	4 000 000.00	
交易性金融资产	2			交易性金融负债	36		
衍生金融资产	3			衍生金融负债	37		
应收票据	4	500 000.00		应付票据	38		
应收账款	5	3 609 220.00	900 000.00	应付账款	39	226 000.00	300 000.00
应收款项融资	6			预收款项	40		
预付款项	7	2 700.00		合同负债	41		
其他应收款	8	113.00		应付职工薪酬	42	486 553.67	485 813.06
存货	9	1 887 013.80	2 991 900.00	应交税费	43	814 392.06	110 526.69
合同资产	10			其他应付款	44	432 128.34	1 700.00
持有待售资产	11			持有待售负债	45		
一年内到期的非流动资产	12			一年内到期的非流动负债	46		
其他流动资产	13			其他流动负债	47		
流动资产合计	14	12 949 709.04	4 561 900.00	流动负债合计	48	5 959 074.07	898 039.75
非流动资产：				非流动负债：			
债权投资	15			长期借款	49		
其他债权投资	16			应付债券	50		
长期应收款	17			其中：优先股	51		
长期股权投资	18			永久债	52		
其他权益工具投资	19			租赁负债	53		
其他非流动金融资产	20			长期应付款	54		
投资性房地产	21			预计负债	55		
固定资产	22	6 664 047.92	3 691 307.64	递延收益	56		
在建工程	23			递延所得税负债	57		
生产性生物资产	24			其他非流动负债	58		
油气资产	25			非流动负债合计	59	0.00	0.00
使用权资产	26			负债合计	60	5 959 074.07	898 039.75
无形资产	27			所有者权益（或股东权益）：			
开发支出	28			实收资本（或股本）	61	10 000 000.00	5 000 000.00
商誉	29			其他权益工具	62		
长期待摊费用	30			其中：优先股	63		
递延所得税资产	31			永久债	64		
其他非流动资产	32			资本公积	65		
非流动资产合计	33	6 664 047.92	3 691 307.64	减：库存股	66		
				其他综合收益	67		
				专项储备	68		
				盈余公积	69	414 567.05	208 836.21
				未分配利润	70	3 240 115.84	2 146 331.68
				所有者权益（或股东权益）合计	71	13 654 682.89	7 355 167.89
资产总计	34	19 613 756.96	8 253 207.64	负债和所有者权益（或股东权益）总计	72	19 613 756.96	8 253 207.64

2. 期末余额的编制

(1)"货币资金"项目，反映企业库存现金、银行结算户存款、外埠存款、银行汇票存款、银行本票存款、信用卡存款、信用证保证金存款等的合计数。本项目应根据"库存现金""银行存款""其他货币资金"科目期末余额的合计数填列。

(2)"交易性金融资产"项目，反映资产负债表日企业分类为以公允价值计量且其变动计入当期损益的金融资产，以及企业持有的直接指定为以公允价值计量且其变动计入当期损益的金融资产的期末账面价值。该项目应根据"交易性金融资产"科目的相关明细科目期末余额分析填列。自资产负债表日起超过1年到期且预期持有超过1年的以公允价值计量且其变动计入当期损益的非流动金融资产的期末账面价值，在"其他非流动金融资产"行项目反映。

(3)"应收票据"项目，反映企业因销售商品、提供劳务等而收到的商业汇票，包括银行承兑汇票和商业承兑汇票。本项目应根据"应收票据"科目的期末余额，减去"坏账准备"科目中有关应收票据计提的坏账准备期末余额后的金额填列。

(4)"应收账款"项目，反映企业因销售商品、提供劳务等经营活动应收取的款项。本项目应根据"应收账款"和"预收账款"科目所属各明细科目的期末借方余额合计数，减去"坏账准备"科目中有关应收账款计提的坏账准备期末余额后的金额填列。如"应收账款"科目所属明细科目期末有贷方余额的，应在资产负债表"预收款项"项目内填列。

(5)"其他应收款"项目，应根据"应收利息""应收股利"和"其他应收款"科目的期末余额合计数，减去"坏账准备"科目中相关坏账准备期末余额后的金额填列。

(6)"存货"项目，反映企业期末在库、在途和在加工中的各种存货的可变现净值。本项目应根据"材料采购""原材料""低值易耗品""库存商品""周转材料""委托加工物资""委托代销商品""生产成本"等科目的期末余额合计，减去"受托代销商品款""存货跌价准备"科目期末余额后的金额填列。材料采用计划成本核算，以及库存商品采用计划成本核算或售价核算的企业，还应加或减"材料成本差异""商品进销差价"后的金额填列。

(7)"固定资产"项目，反映企业各种固定资产原价减去累计折旧和累计减值准备后的净额。本项目应根据"固定资产"科目的期末余额，减去"累计折旧"和"固定资产减值准备"科目期末余额后的金额填列。

(8)"短期借款"项目，反映企业向银行或其他金融机构等借入的期限在1年以下(含1年)的借款。本项目应根据"短期借款"科目的期末余额填列。

(9)"交易性金融负债"项目，反映资产负债表日企业承担的交易性金融负债，以及企业持有的直接指定为以公允价值计量且其变动计入当期损益的金融负债的期末账面价值。该项目应根据"交易性金融负债"科目的相关明细科目期末余额填列。

(10)"应付票据"项目，反映企业购入材料、商品和接受劳务供应等，开出、承兑的商业汇票，包括银行承兑汇票和商业承兑汇票。本项目应根据"应付票据"科目的期末余额填列。

(11)"应付账款"项目，反映企业因购买材料、商品和接受劳务供应等经营活动应支付的款项。本项目应根据"应付账款"和"预付账款"科目所属各明细科目的期末贷方余额合计数填列；如"应付账款"科目所属明细科目期末有借方余额的，应在资产负债表"预付款项"项目内填列。

(12)"预收款项"项目，反映企业按照购货合同规定预付给供应单位的款项。本项目应根据“预收账款”和“应收账款”科目所属各明细科目的期末贷方余额合计数填列。如“预收账款”科目所属各明细科目期末有借方余额,应在资产负债表“应收账款”项目内填列。

(13)“应付职工薪酬”项目,反映企业根据有关规定应付给职工的工资、职工福利、社会保险费、住房公积金、工会经费、职工教育经费、非货币性福利、辞退福利等各种薪酬。

(14)“应交税费”项目,反映企业按照税法规定计算应交纳的各种税费,包括增值税、消费税、所得税、资源税、土地增值税、城市维护建设税、房产税、城镇土地使用税、车船税、教育费附加、矿产资源补偿费等。企业代扣代交的个人所得税,也通过本项目列示。本项目应根据“应交税费”科目的期末贷方余额填列;如“应交税费”科目期末如为借方余额,应以“－”号填列。

(15)“其他应付款”项目,应根据“应付利息”“应付股利”和“其他应付款”科目的期末余额合计数填列。

(16)“实收资本(或股本)”项目,反映企业各投资者实际投入的资本(或股本)总额。本项目应根据“实收资本”(或“股本”)科目的期末余额填列。

(17)“盈余公积”项目,反映企业盈余公积的期末余额。本项目应根据“盈余公积”科目的期末余额填列。

(18)“未分配利润”项目,反映企业尚未分配的利润。本项目应根据“本年利润”科目和“利润分配”科目的余额计算填列。未弥补的亏损在本项目内以“－”号填列。

(二) 利润表

利润表,如表 4.2 所示。

表 4.2 利 润 表

会企 02 表

编制单位:天津吉大卢卡设备有限公司 20××年 3 月 单位:人民币元

项目	行次	本年金额	上年金额
一、营业收入	1	4 490 000.00	(略)
减:营业成本	2	2 052 531.32	(略)
税金及附加	3	16 656.04	(略)
销售费用	4	34 791.55	(略)
管理费用	5	75 881.61	(略)
研发费用	6		(略)
财务费用	7	20 356.67	(略)
其中:利息费用	8		(略)
利息收入	9		(略)
加:其他收益	10		(略)
投资收益(损失以“－”号填列)	11		(略)
其中:对联营企业和合营企业的投资收益	12		(略)
以摊余成本计量的金融资产最终确认收益(损失以“－”号填列)	13		(略)
净敞口套期收益(损失以“－”号填列)	14		(略)
公允价值变动收益(损失以“－”号填列)	15		(略)
信用减值损失(损失以“－”号填列)	16		(略)
资产减值损失(损失以“－”号填列)	17		(略)
资产处置收益(损失以“－”号填列)	18		(略)
二、营业利润(亏损以“－”号填列)	19	2 289 782.81	(略)
加:营业外收入	20	1 519.42	(略)

（续表）

项　　目	行次	本年金额	上年金额
减：营业外支出	21	10 000.00	（略）
三、利润总额（亏损总额以"－"号填列）	22	2 281 302.23	（略）
减：所得税费用	23	570 325.56	（略）
四、净利润（净亏损以"－"号填列）	24	1 710 976.67	（略）
（一）持续经营净利润（净亏损以"－"号填列）	25		（略）
（二）终止经营净利润（净亏损以"－"号填列）	26		（略）
五、其他综合收益的税后净额	27		（略）
（一）不能重分类进损益的其他综合收益	28		（略）
1. 重新计量设定受益计划变动额	29		（略）
2. 权益法下不能转损益的其他综合收益	30		（略）
3. 其他权益工具投资公允价值变动	31		（略）
4. 企业自身信用风险公允价值变动	32		（略）
……			（略）
（二）将重分类进损益的其他综合收益	33		（略）
1. 权益法下可转损益的其他综合收益	34		（略）
2. 其他债权投资公允价值变动	35		（略）
3. 金融资产重分类计入其他综合收益的金额	36		（略）
4. 其他债权投资信用减值准备	37		（略）
5. 现金流量套期储备	38		（略）
6. 外币财务报表折算差额	39		（略）
……			（略）
六、综合收益总额	40		（略）
七、每股收益：	41		（略）
（一）基本每股收益	42		（略）
（二）稀释每股收益	43		（略）

1. 本期发生额的编制

月度的利润表由本期余额和本年累计数组成。

（1）"营业收入"项目，反映企业主要经营业务和其他经营业务所取得的收入总额。本项目应根据"主营业务收入"和"其他业务收入"科目的发生额分析填列。

（2）"营业成本"项目，反映企业主要经营业务和其他经营业务发生的实际成本总额。本项目应根据"主营业务成本"和"其他业务成本"科目的发生额分析填列。

（3）"税金及附加"项目，反映企业主要经营业务和其他经营业务应负担的消费税、城市维护建设税、资源税和教育费附加等。本项目应根据"税金及附加"科目的发生额分析填列。

（4）"销售费用"项目，反映企业在销售商品和商品流通企业在购入商品等过程中发生的费用，商品流通企业如不单独设置"管理费用"科目，发生的管理费用也在本项目中反映。本项目应根据"销售费用"科目的发生额分析填列。

（5）"管理费用"项目，反映企业发生的管理费用。本项目应根据"管理费用"科目的发生额分析填列。

（6）"财务费用"项目，反映企业发生的财务费用。本项目应根据"财务费用"科目的发生额分析填列。"财务费用"科目净发生额在贷方的，以"－"号填列。

注：利息收入发生额在贷方，利息支出和手续费在借方，如利息收入大于利息支出和手续费合计时会出现净发生额在贷方的情况，以"－"号填列。

(7)“投资收益”项目,反映企业以各种方式对外投资所取得的收益。本项目应根据“投资收益”科目的发生额分析填列。如为投资损失,以“－”号填列。

(8)“营业利润”项目,反映企业生产经营等日常活动形成的利润,是以上各项目计算的结果。如营业利润为亏损,以“－”号填列。

(9)“营业外收入”项目和“营业外支出”项目,反映企业发生的与其生产经营无直接关系的各项利得和损失。这两个项目应分别根据“营业外收入”科目和“营业外支出”科目的发生额分析填列。

(10)“利润总额”项目,反映企业实现的利润总额。如为亏损总额,以“－”号填。

(11)“所得税费用”项目,反映企业当期发生的所得税费用。本项目应根据“所得税费用”科目的发生额分析填列。

(12)“净利润”项目,反映企业实现的净利润。如为净亏损,以“－”号填列。

2. 累计发生额的编制

1月份的累计发生额等于1月份的本期金额,2月至12月份的本期累计根据上月的本年累计数加本月的本期金额。

年度的利润表金额由本期金额和上期金额组成,上期金额根据上一年度的本期金额填列。

七、会计档案的装订与保管

(一) 会计档案的整理立卷

会计年度终了后,对会计资料进行整理立卷。会计档案的整理一般采用“三统一”的办法,即分类标准统一、档案形成统一和管理要求统一,并分门别类按各卷顺序编号。

(1) 分类标准统一。一般将财务会计资料分成一类账簿、二类凭证、三类报表、四类文字资料及其他。

(2) 档案形成统一。案册封面、档案卡夹、存放柜和存放序列统一。

(3) 管理要求统一。建立财务会计资料档案簿、会计资料档案目录;会计凭证装订成册,报表和文字资料分类立卷,其他零星资料按年度排序汇编装订成册。

(二) 会计档案的装订

会计档案的装订主要包括会计凭证的装订、会计账簿的装订、会计报表的装订及其他文字资料(略)的装订。

1. 会计凭证的装订

一般每月装订一次,装订好的凭证按年分月妥善保管归档。

1) 会计凭证装订前的准备工作

(1) 分类整理,按顺序排列,检查日数、编号是否齐全。

(2) 按凭证汇总日期归集(如按上、中、下旬汇总归集)确定装订成册的本数。

(3) 摘除凭证内的金属物(如订书钉、大头针、回形针),对大的张页或附件要折叠成同记账凭证大小,且要避开装订线,以便翻阅保持数字完整。

(4) 整理检查凭证顺序号,如有颠倒要重新排列,发现缺号要查明原因。再检查附件有否漏缺,领料单、入库单、工资、奖金发放单是否随附齐全。

(5) 记账凭证上按《会计基础工作规范》规定的有关人员(如财务主管、复核、记账、制单等)的印章是否齐全。

2) 会计凭证装订时的要求

(1) 可以左上角装订和左侧装订,装订凭证应使用棉线。左上角装订的,在左上角部位打上两个针眼,结扣应是活的,并放在凭证封皮的里面,装订时尽可能缩小所占部位,使记账凭证及其附件保持尽可能大的显露面,以便于事后查阅;左侧装订的,原始凭证粘贴不靠近左侧的,为防止中间鼓起,可在左侧垫补其他纸张,使左侧与中间平齐,再行装订。

(2) 凭证外面要加封面,封面纸用牛皮纸印制,封面规格不小于所附记账凭证。

(3) 装订凭证厚度一般为1.5~2厘米,方可保证装订牢固,美观大方。

3) 会计凭证装订后的注意事项

(1) 每本封面上填写好凭证种类、起止号码、凭证张数、会计主管人员和装订人员签章。

(2) 在封面上编好卷号,按编号顺序入柜,并要在显露处标明凭证种类编号,以便于调阅。

2. 会计账簿的装订

各种会计账簿年度结账后,除跨年使用的账簿外,其他账簿应按时整理立卷。基本要求如下所述。

1) 账簿装订前

首先,按账簿启用表的使用页数核对各个账户是否相符,账页数是否齐全,序号排列是否连续。然后,按会计账簿封面、账簿启用表、账户目录、该账簿按页数顺序排列的账页、会计账簿装订封底的顺序装订。

2) 活页账簿的装订要求

(1) 保留已使用过的账页,将账页数填写齐全,去除空白页和撤掉账夹,用质量好的牛皮纸做封面、封底,装订成册。

(2) 多栏式活页账、三栏式活页账、数量金额式活页账等不得混装,应按同类业务、同类账页装订在一起。

(3) 在本账的封面上填写好账目的种类,编好卷号,会计主管人员和装订人(经办人)签章。

3) 账簿装订后的其他要求

(1) 会计账簿应牢固、平整,不得有折角、缺角、错页、掉页、加空白纸的现象。

(2) 会计账簿的封口要严密,封口处要加盖有关印章。

(3) 封面应齐全、平整,并注明所属年度及账簿名称、编号,编号为一年一编,编号顺序为总账、现金日记账、银行存(借)款日记账、分户明细账。

(4) 会计账簿按保管期限分别编制卷号,如现金日记账全年按顺序编制卷号;总账、各类明细账、辅助账全年按顺序编制卷号。

3. 会计报表的装订

会计报表编制完成及时报送后,留存的报表按月装订成册谨防丢失。小企业可按季装订成册。第一,会计报表装订前要按编报目录核对是否齐全,整理报表页数,上边和左边对齐压平,防止折角,如有损坏部位修补后,完整无缺地装订;第二,会计报表装订顺序为:会计报表封面、会计报表编制说明、各种会计报表按会计报表的编号顺序排列、会计报表的封底;第三,按保管期限编制卷号。

第五部分　会计资料样本

一、总账

总账 1 本,包括:①封皮;②账簿使用登记表;③目录;④账页 40 页(20 张)(注:每页有页码)。总账样张,如表 5.1 所示。

表 5.1

1

年		记账凭证		摘要	借方金额											✓	贷方金额											✓	借或贷	余额										
月	日	类别	号数		亿	千	百	十	万	千	百	十	元	角	分		亿	千	百	十	万	千	百	十	元	角	分			亿	千	百	十	万	千	百	十	元	角	分

二、现金日记账

现金日记账 1 本，包括：①封皮；②账簿使用登记表；③目录；④账页 20 页（10 张）（注：每页有页码）。现金日记账样张，如表 5.2 所示。

表 5.2

现金日记账

1

年		记账凭证		摘要	对应科目	借方金额											✓	贷方金额											✓	余额										
月	日	类别	号数			亿	千	百	十	万	千	百	十	元	角	分		亿	千	百	十	万	千	百	十	元	角	分		亿	千	百	十	万	千	百	十	元	角	分

三、银行存款日记账

银行存款日记账1本，包括：①封皮；②账簿使用登记表；③目录；④账页20页（10张）（注：每页有页码）。银行存款日记账样张，如表5.3所示。

表5.3

银行存款日记账　　1

户名：________

年		记账凭证		结算方式		摘要	借方金额											✓	贷方金额											✓	余额										
月	日	类别	号数	类别	号数		亿	千	百	十	万	千	百	十	元	角	分		亿	千	百	十	万	千	百	十	元	角	分		亿	千	百	十	万	千	百	十	元	角	分

四、明细账

明细账 1 本，包括：①封皮；②账簿使用登记表；③目录；④三栏式 70 页（35 张）。明细账样张，如表 5.4 至表 5.9 所示。

表 5.4

户名：________________　　　　　　　　　　总第　　页　分第　　页

年		记账凭证		摘要	对应科目	借方金额											✓	贷方金额											✓	借或贷	余额										
月	日	类别	号数			亿	千	百	十	万	千	百	十	元	角	分		亿	千	百	十	万	千	百	十	元	角	分			亿	千	百	十	万	千	百	十	元	角	分

数量金额式 16 页(8 张)。

表 5.5

货号：________品名：________计量单位：________备注：________　　总第____页　分第____页

年		记账凭证		摘要	借方														贷方														结存												
月	日	类别	号数		数量	单价	金额											✓	数量	单价	金额											✓	数量	单价	余额										
							亿	千	百	十	万	千	百	十	元	角	分				亿	千	百	十	万	千	百	十	元	角	分				亿	千	百	十	万	千	百	十	元	角	分

生产成本专用账页式2页(1张)。

表5.6

本账页数	
本户页数	

生产成本　　明细账

科目名称：

年		记账凭证		摘要	借方金额											贷方金额											余额											借方分析																										
																																						直接材料									直接人工									制造费用								
月	日	类别	号数		亿	千	百	十	万	千	百	十	元	角	分	亿	千	百	十	万	千	百	十	元	角	分	亿	千	百	十	万	千	百	十	元	角	分	百	十	万	千	百	十	元	角	分	百	十	万	千	百	十	元	角	分	百	十	万	千	百	十	元	角	分

多栏式账页式 20 页(10 张)。

表 5.7

本账页数	
本户页数	

科目名称:

年		记账凭证		摘要	借方金额											贷方金额											余额											借																	
月	日	类别	号数		亿	千	百	十	万	千	百	十	元	角	分	亿	千	百	十	万	千	百	十	元	角	分	亿	千	百	十	万	千	百	十	元	角	分	百	十	万	千	百	十	元	角	分	百	十	万	千	百	十	元	角	分

____明细账

本账页数	
本户页数	

方金额分析																																																																																											
百	十	万	千	百	十	元	角	分	百	十	万	千	百	十	元	角	分	百	十	万	千	百	十	元	角	分	百	十	万	千	百	十	元	角	分	百	十	万	千	百	十	元	角	分	百	十	万	千	百	十	元	角	分	百	十	万	千	百	十	元	角	分	百	十	万	千	百	十	元	角	分	百	十	万	千	百	十	元	角	分	百	十	万	千	百	十	元	角	分

固定资产专用账页式 12 页(6 张)。

表 5.8

停止使用日期	回复使用日期

固定资产＿＿＿＿明细账

编　号＿＿＿＿　　使用年限＿＿＿＿　　折旧率　年＿＿＿＿%　月＿＿＿＿%

名　称＿＿＿＿　　开始使用日期＿＿＿＿　　折旧额　年＿＿＿＿　月＿＿＿＿

规　格＿＿＿＿　　预计残值＿＿＿＿

年		记账凭证		摘要	数量	原值																							折旧																							净值
						借方											贷方											✓	借方											贷方											✓	
月	日	类别	号数			亿	千	百	十	万	千	百	十	元	角	分	亿	千	百	十	万	千	百	十	元	角	分		亿	千	百	十	万	千	百	十	元	角	分	亿	千	百	十	万	千	百	十	元	角	分		

应交税费——应交增值税专用账页 4 页(2 张)。

表 5.9

本账页数	

应交增值税

年		记账凭证		摘要	借方																																																					
					合计									进项税额									已交税金									减免税款									出口抵减内销产品应纳税额									转出未交增值税								
月	日	类别	号数		百	十	万	千	百	十	元	角	分	百	十	万	千	百	十	元	角	分	百	十	万	千	百	十	元	角	分	百	十	万	千	百	十	元	角	分	百	十	万	千	百	十	元	角	分	百	十	万	千	百	十	元	角	分

明细账

本账页数

贷方																																																						借或贷	余额								
合计									销项税额									出口退税									进项税额转出									转出多交增值税																											
百	十	万	千	百	十	元	角	分	百	十	万	千	百	十	元	角	分	百	十	万	千	百	十	元	角	分	百	十	万	千	百	十	元	角	分	百	十	万	千	百	十	元	角	分	百	十	万	千	百	十	元	角	分		百	十	万	千	百	十	元	角	分

五、账簿使用页数参考

账簿使用页数参考，如表 5.10 所示。

表 5.10　　　　账簿使用页数参考

科目编码	账页格式 / 科目名称	实用三栏式	精简三栏式	数量金额式	多栏式（正反为1页）	应交增值税专用（正反为1页）	生产成本专用	固定资产专用	总账
	页数合计	66	48	16	8	2	2	12	38
资产类									
1001	库存现金								1
1002	银行存款								1
100201	工商银行								
1012	其他货币资金	2	1						1
101201	银行汇票存款								
1121	应收票据	2	1						1
1122	应收账款	4	3						1
112201	上海万联								
112202	北京万达电器								
1221	其他应收款	2	2						1
122101	罗芳								
122102	江季								
1123	预付账款	2	1						1
112301	威卡科技(北京)有限公司								
1402	在途物资	2	1						1
140201	北京经贸								
1403	原材料			6					1
140301	不锈钢板								
140302	玻璃板								
140303	WK 电子配件全								
140304	全自动温控器								
140305	油漆								
140306	螺丝螺母								
1405	库存商品			2					1
140501	GH8000 多功能烤箱								
140502	WH01 集成烤箱								
1411	周转材料			4					1
141101	工作服								

（续表）

科目编码	账页格式 科目名称	实用三栏式	精简三栏式	数量金额式	多栏式（正反为1页）	应交增值税专用（正反为1页）	生产成本专用	固定资产专用	总账
141102	手套								
141103	包装箱								
1601	固定资产							12	1
1602	累计折旧								1
1901	待处理财产损溢	2	1						1
190101	待处理流动资产损益								
负债类									
2202	应付账款	2	2						1
220201	天津好运来装修有限公司								
2203	预收账款	2	1						1
220301	山西电器设备有限公司								
2211	应付职工薪酬	10	10						1
221101	短期薪酬								
22110101～06	6个3级科目								
221102	离职后福利								
22110201～03	2个3级科目								
2221	应交税费	8							1
222101	应交增值税					2			
22210101	进项税额								
22210102	销项税额								
22210103	进项税额转出								
22210104	转出未交增值税								
222102	应交企业所得税		1						
222103	未交增值税		1						
222104	应交城市维护建设税		1						
222105	应交教育费附加		1						
222106	应交地方教育费附加		1						
222107	应交个人所得税		1						
2232	应付利息	2	1						1

（续表）

科目编码	账页格式 / 科目名称	实用三栏式	精简三栏式	数量金额式	多栏式（正反为1页）	应交增值税专用（正反为1页）	生产成本专用	固定资产专用	总账
2241	其他应付款	2	1						1
224101	广州西联科技有限公司								
权益									
4001	实收资本	2	2						1
400101	上海嘉华投资								
400102	天津吉大投资								
4101	盈余公积	2	1						1
4103	本年利润	2	1						1
4104	利润分配	4	3						1
410401	未分配利润								
410402	提取盈余公积								
410403	应付利润								
成本类									
5001	生产成本						2		1
500101	直接材料								
500102	直接人工								
500103	制造费用								
5101	制造费用				2				1
510101	折旧费								
510102	人工费								
510103	水电费								
510104	材料费								
损益类									
6001	主营业务收入			2					1
600101	GH8000 多功能烤箱								
600102	WH01 集成烤箱								
6051	其他业务收入	2	1						1
6301	营业外收入	2	1						1
6401	主营业务成本			2					1
640101	GH8000 多功能烤箱								

（续表）

科目编码	账页格式 / 科目名称	实用三栏式	精简三栏式	数量金额式	多栏式（正反为1页）	应交增值税专用（正反为1页）	生产成本专用	固定资产专用	总账
640102	WH01 集成烤箱								
6402	其他业务成本	2	1						1
6403	税金及附加	2	1						1
6601	销售费用				2				1
660101	折旧费								
660102	广告费								
660103	运费								
660104	水电费								
660105	职工薪资								
660106	材料费								
6602	管理费用				2				1
660201	办公费								
660202	设备修理费								
660203	差旅费								
660204	汽油费								
660205	职工薪酬								
660206	水电费								
660207	折旧费								
660208	存货合理损耗								
660209	材料费								
6603	财务费用				2				1
660301	手续费								
660302	利用收入								
660303	利息支出								
6711	营业外支出	2	1						1
6801	所得税费用	2	1						1

注：实用三栏式数量，同一总账科目可以写在一张账页的正反面，不同总账科目不可写在同一张账页的正反面，防止出现新增明细不能插入的现象。

精简三栏式数量，是为了减少用量，顺序地，正反使用账页，可以根据“账簿使用参考”提前设置账页，以防后期出现不能顺利增加账页的现象。